Marlo Werner

Herr Abhängig & Frau Co.?

Wenn Frauen zu Co-Abhängigen erklärt werden – ein Erfahrungsbericht

ULRIKE HELMER VERLAG

Die Deutsche Bibliothek – CIP-Einheitsaufnahme

Werner, Marlo:
Herr Abhängig und Frau Co.? : Wenn Frauen zu »Co-Abhängigen« erklärt werden ; Ein Erfahrungsbericht / Marlo Werner. – Frankfurt am Main : Helmer, 1994
(Clelia)
ISBN 3-927164-77-1

Der Abdruck des Beitrags von Dr. Christa Appel, »Abhängig & Co. Zehn Thesen für eine kritische Infragestellung des Begriffes Co-Abhängigkeit« erfolgt mit freundlicher Genehmigung von Frau Dr. Appel, der Autorin und Verlag darüber hinaus für ihre freundlichen Anregungen bezüglich des Buchtitels danken.
Druck: Druckerei Grässer, Karlsruhe
Printed in Germany

Umschlaggestaltung unter Verwendung eines Ausschnitts aus: Luca Signorelli, Fresko im Dom von Orvieto

»Die Gesellschaft braucht die Sucht!«

Diese Aussage machte eine schon jahrelang trockene Alkoholikerin am 17.4.91 im Rundfunk (Antenne Düsseldorf) im Rahmen eines Interviews zur Frage: Was ist Sucht? Und sie ergänzte: Sucht sei eigentlich alles, was der Mensch im Überfluß betreibe.

Co-Abhängigkeit

Durch Gespräche mit Frauen, die mit einem Alkoholiker verheiratet sind, habe ich erfahren, daß es vielen so ähnlich ergeht wie mir, wenn sie den Begriff Co-Abhängigkeit auf sich angewendet finden.

Ich fühle mich diskriminiert und stigmatisiert durch diesen Begriff, wenn er in Zusammenhang mit Suchterkrankung gebracht wird. Denn Tatsache ist, daß bisher von zehn betroffenen Frauen acht bis neun Partnerinnen bei ihren alkoholkranken Männern geblieben sind, um gemeinsam mit ihren Ehemännern die Krankheit zu überwinden. Umgekehrt war und ist das noch lange nicht üblich. Die Ursachen hierfür liegen meines Erachtens nicht in der stärkeren Co-Abhängigkeit der Frauen, sondern in ihrer besonderen Stellung in der Gesellschaft.

Männern wie Frauen einfach diesen Begriff überzustülpen, verdeckt die Unterschiede im Leben der Geschlechter. Der Begriff »Co-Abhängigkeit« blendet die Besonderheiten der weiblichen Lebenswelten aus und trägt dazu bei, daß sie nicht berücksichtigt werden. Daher ist dieser Begriff für mich ein Instrument mehr, Frauen ein bißchen gefügiger zu machen, sie von vornherein als ›mitschuldig‹ abzustempeln, nicht ernst zu nehmen und zu Wort kommen zu lassen.

Alkoholismus ist ein Zerrspiegel, in dessen Zentrum der Abhängige steht. Das soziale Umfeld, Kliniken, Helfer und Therapeuten befinden sich davor, die Partnerinnen aber dahinter.

Weibliche Mitbetroffene werden nicht gefragt und können sich fast nie äußern, ohne daß sie auf eine bestimmte Schiene geschoben werden. Viele, selbst gutmeinende TherapeutInnen gehen viel zu sehr von sich aus und von der sich leider immer mehr verbreitenden Vorstellung des ›armen‹ kranken Abhängigen. Sie übernehmen die Rolle des Helfers, wenn die Ehefrau diese ablehnt.

Eifrig ist die gesamte Therapieszene nach einer Entgiftung oder längeren Behandlung des Abhängigen bemüht, diese Rolle dann der mitbetroffenen Ehefrau zu übertragen, um den Therapieerfolg des nun trockenen Alkoholikers zu sichern. Nicht immer spielt der Betroffene mit. Wie die Praxis beweist, werden manche Abhängige schon am ersten Tag ihrer Entlassung, auch wenn der soziale Rahmen noch stimmt, wieder rückfällig, was die mitbetroffene Ehefrau erfahrungsgemäß in tiefste Verzweiflung stürzt, fühlt sie doch genau, daß ihr alles angelastet wird, auch wenn niemand es offen ausspricht. Sucht sie Hilfe, wird sie mit einem Sack voller guter Ratschläge und ›Hausaufgaben‹ überschüttet, wie sie ihr Verhalten ändern kann, ohne daß sich zunächst an der Situation etwas ändert. Reagiert sie auf diese Überfrachtungen, indem sie um so mehr die Schuld bei sich sucht, wird sie als mit Schuldkomplexen Beladene an den Pranger gestellt.

Bisher ist noch keiner Institution eingefallen, die jeweils eigenen Methoden der Suchtbehandlung in Frage zu stellen. Jede Institution, ob staatlich, karitativ oder autonom, kocht ihr eigenes Süppchen und betrachtet andere Methoden als Konkurrenz. Die Zahl der Abhängigen, ob männlich oder weiblich, steigt und steigt und hält ein ganzes Heer freiwilliger und professioneller HelferInnen auf Trab. Durch diese aktiv geleistete Hilfe wird der oftmals zugrundeliegende ›Geschlechterrollenkonflikt‹ und seine Bezogenheit auf die Gesellschaft übersehen. Mit der ›Helferrolle‹ wird die eigene Integration in gesellschaftliche Normen bewältigt. Fast allen ›HelferInnen‹ sind daher echte Emanzipationsbestrebungen von Mitbetroffenen suspekt.

Da eine wirkliche Gleichberechtigung der Geschlechter und eine echte Partnerschaft auch die Frustrationen in Beziehungen mindern, könnte für das Heer der HelferInnen ja die Gefahr bestehen, daß die Süchte und das Suchtverhalten zurückgehen. Aber darf das sein, möchte ich hier einmal polemisch fragen, wo doch alle, die daran beteiligt sind, so gut daran verdienen? Allen voran die Spirituosenfabriken, die Pharmaindustrie, der Staat, die

Ärzte, Kliniken und alle professionellen Helfer. Karitative und human-sozial ausgerichtete Institutionen verdienen zwar nicht in dem Ausmaß wie vorgenannte, aber sie betreiben fleißig Imagepflege, jede für sich und untereinander konkurrierend, versteht sich. Selbst in ein und derselben Institution wird peinlich darauf geachtet, wer mehr Mitglieder hat, die Montags-, Dienstags-, Mittwochs- oder Donnerstagsgruppe. Übergreifende Methoden werden nicht forciert und/oder nicht wahrgenommen. Jede Institution ist Verfechterin des eigenen Systems und der eigenen Methoden und hält sie für die alleinseligmachenden.

Angehörige und andere Mitbetroffene von Suchtkranken werden kaum beachtet und wenn, dann m.E. nicht in einer für sie konstruktiven Weise. Zum Beispiel hörte ich die Aussage eines Therapeuten im Fernsehen (gezeigt wurde ein Film über die Folgen von Alkoholkrankheit): Es sei leichter, fünfzig Alkoholiker zu behandeln, als eine heulende Angehörige. Wieso? frage ich mich. Natürlich ist eine medizinische körperliche Entgiftung fürs erste einfacher zu bewerkstelligen (vorausgesetzt, daß der Betroffene einwilligt), als die Betroffenheit der Angehörigen in ihrer spezifischen Form wahrzunehmen. Statt dessen hörte ich oft Klagen: Angehörige hätten keine Einsicht in ihre Mitbeteiligung an der Suchtstruktur. Wie sollen sie auch, werden sie doch einfach nur mit dem Begriff Co-Abhängigkeit abgespeist und dann allein gelassen! Als wenn es nicht noch tausend andere Spielarten von Co-Abhängigkeiten in Beziehungen gäbe. Von betroffenen Angehörigen zu sprechen, auf ihre spezifische Situation einzugehen und ihr Vertrauen zu gewinnen, das würde allen Beteiligten mehr helfen, als nur aufzulisten, was sie alles falsch gemacht haben. Die Frau eines Alkoholikers hat immer schlechtere Karten. Wenn sie nicht mitsäuft, ist sie nicht solidarisch, wenn sie mitsäuft, ist sie co-abhängig. Die meisten Mitbetroffenen sind einerseits noch viel zu zermürbt von dem Trauma des ersten Alkoholabusus und den folgenden Stationen, andererseits werden die, die das Spiel des Abhängigen früher durchschauen, schnellstens mundtot gemacht. Denn Fakt ist doch, daß Abhängige, deren sozialer Rahmen noch stimmig ist, leichter zu integrieren sind. Außerdem läßt sich nun dankbarerweise die ganze Familie therapieren.

Seit einigen Jahren ist die Familientherapie in vollem Gange. Welch ein Glück, so hat das Heer der HelferInnen auch ein größeres Betätigungsfeld! Nur – tauchen gravierende existentielle Probleme als Folgen der Sucht auf, steht die betroffene Familie allein, nach dem Motto: »Jeder ist für sich selbst verantwortlich.« Die Isolation, in der die Betroffenen und Mitbetroffenen sich befinden, wird kritisiert als selbst herbeigeführte Abkapselung von der Umwelt. Doch warum das so ist, danach wird nicht weiter gefragt. Ich behaupte, man isoliert sich aus der Erfahrung heraus, im sozialen Umfeld nicht verstanden zu werden, so wie ich selbst es habe erleben müssen.

Als ich vor nunmehr fünfundzwanzig Jahren zum ersten Mal auf das Trinkverhalten und vor allem auf die damit einhergehenden psychischen Veränderungen meines Partners vorsichtig hinwies – bei meinen Schwiegereltern beispielsweise, da sie sich mir gegenüber von Anfang an als ›Experten in Sachen Trinken‹ darstellten –, hieß es: »Du hast keine Ahnung, bei dir zuhause wird nicht getrunken! Alles, was in der Ehe geschieht, kann die Frau beeinflussen.« War meine eigene Mutter zu Besuch und erlebte situationsbedingte Auflehnungsversuche meinerseits gegen den trinkenden Partner mit, sagte sie zu meinem Mann: »Ach, nimm ihr das nicht übel, sie ist genauso cholerisch wie ihr Vater.« War sie mit mir alleine, bekam ich den Spruch zu hören: »Die Frau ist des Mannes Untertan, du mußt dich fügen!«

Ich habe mich gefügt, vor allem, da diese von mir innig geliebte Mutter alles tat, um ihre Tochter und die geliebten Enkelkinder gutbürgerlich auszustatten. Was mein Partner finanziell noch nicht leisten konnte, da er erst am Anfang seiner Karriere stand, steuerte sie großzügig und gutgemeint bei. Sicherlich erfüllte sie sich selbst auch geheime Wünsche, denn während des Krieges, als ihre eigenen Kinder klein waren, hatte es ja nichts zu kaufen gegeben, von modischer Kinderkleidung ganz zu schweigen.

Aber ohne daß ich mir darüber klar wurde, vergrößerte das Verhalten meiner Mutter meine Abhängigkeit vom Partner. Mir wurde das Leben drinnen so angenehm wie möglich gemacht, der Schwiegersohn machte es sich draußen durch Alkohol erträglich.

Mein Mann konnte sich des Mitgefühls meiner Mutter für ›das harte Leben draußen‹ sicher sein. Seine gelegentlichen Besäufnisse waren in ihren Augen ein kleines Laster, das einem Mann zusteht. Es war mir nicht möglich, ihr gegenüber zu äußern, daß ich über die Trinkgewohnheiten meines Mannes alles andere als glücklich war; sie hatte sich regelrecht mit ihm verbündet.

Längst habe ich meiner Mutter verziehen, sie war selbst nur Opfer gesellschaftlicher Normen. Als Ehefrau eines Bäckermeisters war sie helfendes Familienmitglied und somit doppelt abhängig vom Mann, denn er war Ehemann und Chef in einer Person. An Auflehnung ihrerseits war absolut nicht zu denken: »Was soll denn die Kundschaft sagen?« war die häufigste Entschuldigung für ihre Passivität, was die Durchsetzung der eigenen Wünsche und Bedürfnisse anging. Dieses bewußte Verzeihen war ein sehr schmerzhafter Prozeß für mich, den ich erst nach ihrem Tod bewältigen konnte. Solange sie lebte, habe ich mich unbewußt gegen sie aufgelehnt, was ich später erst erkannte. »Nur nicht so werden wie die eigene Mutter!« Durch diese aggressive Mutterkritik fiel mir die eigene Anpassung an gesellschaftliche Normen leichter.

Im Sportclub, dem wir schon seit unserer Eheschließung angehörten, beobachtete ich, wo ich nur konnte, wie andere Paare sich verhielten. Dieses Phänomen der Verhaltensunsicherheit bei beginnender Alkoholkrankheit eines Partners ist für Mitbetroffene übrigens typisch, da ja der Betroffene selbst alle nur erdenklichen Anstrengungen unternimmt, außerhalb der eigenen vier Wände einen ganz ›normalen‹ Eindruck zu erwecken. Na ja, es war (und ist noch) so üblich, daß die Männer abends an der Theke ihr Bier tranken, während die Frauen zuhause die Kinder ins Bett brachten. An diesem Ritual habe ich mich orientiert, nachdem das erste Kind geboren war. Dafür hatte ich das ›Privileg‹, nachmittags, wenn der Mann arbeiten mußte, in den Club gehen zu können. Abends aber, wenn das Kind im Bett war, gab es für mich nur die zwei Alternativen: entweder das Kind mit schlechtem Gewissen alleine lassen oder frustriert zuhause sitzen. – Aber wieso denn frustriert? mögen manche einwenden. Eine Mutter hat doch mit Freuden diese Opfer zu bringen, sonst liebt sie ihr Kind nicht. Dafür ist sie Mutter, auch wenn der Ehemann und Vater fast jeden Abend etwas anderes vorhat, sie darf die Aufsichtspflicht für das Kind nicht verletzen.

An die Rolle als Mutter stellt die Gesellschaft einen hohen moralischen Anspruch. Egal was der

Partner trieb, ich bekam die volle Verantwortung für das Kind. Sonst ist man ja eine Rabenmutter. An der Beurteilung hat sich bis heute noch nichts geändert, ein Artikel aus der Westdeutschen Zeitung vom 17.6.91 veranschaulicht diesen Tatbestand sehr deutlich und betreibt einseitige Meinungsmache: »Der Vater lag volltrunken auf der Couch, die Mutter hatte die Wohnung und die drei Kinder, darunter ein erst 14 Tage alter Säugling, im Stich gelassen«, heißt es da. Den von einer Nachbarin alarmierten Polizisten »stockte der Atem«, als sie die Verhältnisse sahen. Eines der Kinder habe »vor lauter Hunger Zigarettenkippen gekaut«.

Man kann diesen Zeitungsbericht aber auch mit Blick auf einen vernachlässigenden Mann und Vater schreiben, das sieht dann so aus: »Volltrunkener Vater vernachlässigte Familie! Verzweifelte Mutter floh aus der Wohnung, weil sie am Ende ihrer Kräfte war, was sich leider auch am schlechten Zustand der drei kleinen Kinder, das jüngste vierzehn Tage alt, offenbarte. Ihre Flucht war ein Signal und Hilferuf nach außen, daß sie der Situation nicht mehr gewachsen war.«

So oder ähnlich würde es niemals in der Presse formuliert – meist entschließt man sich für eine Version, die die Diffamierung der Frau zum Inhalt hat, statt die Verantwortung an beide Elternteile zu richten: Eltern vernachlässigten ihre Kinder – dies wäre eine gerechte Überschrift.

Obwohl mein Partner mich fast alle Verantwortung für das erste Kind allein tragen ließ – und ich diese Rolle als Hausfrau und Mutter in der einmal begonnenen Form immer noch unkritisch bewältigte –, wünschten wir uns gut drei Jahre später ein zweites Kind, denn wir wollten doch keine ›bevölkerungspolitischen Blindgänger‹ sein, wie es uns in den ersten drei kinderlosen Ehejahren häufig von meinen Schwiegereltern vorgeworfen worden war.

So etwas setzt sich fest, es hat uns beeinflußt. Ich plante also ganz bewußt mit dem Partner die Kinder, denn ich hatte festgestellt, daß die meisten Personen in unserer Verwandtschaft ›Malheurchen‹ waren, wie man damals, als es noch keine Pille gab, sagte. Nein, das wollte ich nicht, ich wollte ein Wunschkind. Die Verantwortung dafür zu übernehmen, fiel mir aus diesem Grund bestimmt leichter und hat mir geholfen, die Frustration über den Partner hinsichtlich seiner mangelnden Unterstützung bei der Kinderaufzucht besser zu verkraften.

Ein paar Tage vor der Geburt des zweiten Kindes kamen die Schwiegereltern kurz vorbei, vielleicht um zu fragen, wie es mir geht. Es war Anfang Mai, und sie entdeckten ihren – seinen Rausch ausschlafenden – Sohn im Garten liegend. Völlig betroffene Gesichter machten die beiden, dann nahmen sie eine vorwurfsvolle Haltung ein – und richteten ihre Empörung gegen mich: »Wie kann man sich da nur ein zweites Kind anschaffen, wenn die Ehe nicht stimmt!« Nachdem sie ihre Keulenhiebe gegen mich verteilt hatten, rauschten sie ab.

Fast auf den Tag genau zwanzig Jahre später, 1988, nachdem ich bereit war, in einer Klinik, wo mein Mann nach zwölfjähriger Trockenheit zur Entgiftung nach einem Rückfall weilte, aus meinem Leben zu erzählen, erhielt ich noch einmal einen Keulenschlag, als ich von unseren Wunschkindern sprach. Es wurde interpretiert: »Sie wollten wohl alles im Griff haben!« So einfach ist das.

Der 1971 verstorbene Londoner Kinderarzt D.W. Winnicott vertritt in seinem 1990 übersetzten Buch »Das Baby und seine Mutter« die These, daß das, was sich zwischen dem Baby und seiner Mutter abspielt, von Anfang an ein hochempfindliches Gebilde von Gefühlen, Wünschen, Bedürfnissen und Signalen ist, und daß diese Wechselbeziehung nicht durch Fachleute, Ärzte und Schwestern (ich füge hinzu: sowie durch ein besserwisserisches soziales Umfeld) gestört werden dürfe. Es ist notwendig, eine fördernde Umwelt herzustellen, die es der Mutter ermöglicht, sich ohne Irritationen auf das Baby einzustellen, um seinen Bedürfnissen gerecht zu werden.

Alle, die in der Suchtkrankenhilfe arbeiten, wissen, wie stark die Irritationen sind, die von einem Alkoholkranken, auch schon im Anfangsstadium, ausgehen. Unbewußt ist mir bei dem zweiten Kind eine bessere Abgrenzung zum Partner gelungen.

Mit sechsundzwanzig Jahren hatte ich nun die

volle Verantwortung für zwei kleine Kinder und ein Haus mit Garten. Der mitverantwortliche Ehemann war alkoholabhängig, was ich zu diesem Zeitpunkt noch nicht wußte – und die Phasen des unkontrollierten Trinkens wurden häufiger, ebenso die dadurch verursachten Stimmungstiefs wegen der Entzugserscheinungen, in denen der Vater für die Familie keine Unterstützung war. Automatisch übernahm ich dann in der Frauenrolle, wie es die Gesellschaft auch heute noch erwartet, wenn kleine Kinder da sind, alle häuslichen Aufgaben und Pflichten. Die Umwelt, das kleinere und größere soziale Umfeld strickte durch diese Erwartungshaltung fleißig mit an der Struktur des Alkoholismus des Partners – allerdings auf meine Kosten, von meinem Lebensgarn, obwohl ich mich heftig gegen die Querelen des Partners wehrte – ich habe mir keine Schulden gefallen lassen, keine Schläge, keine Lügen. Keine Lügen? Im familiären Umfeld waren wir für Außenstehende eine nette junge Familie, aber sollte und konnte ich wissen, wie der Partner mit seinem Berufsleben draußen umging? Sein Verhalten wurde immer entschuldigt. War er müde, galt er als abgearbeitet, blieb er länger von zuhause fort, waren es geschäftliche Verpflichtungen, war er betrunken, hieß es: »Na ja, das kann ja mal vorkommen.« Aber als die Phasen der Sucht immer dichter aufeinander folgten, mieden alle mich – denn als Erklärungsmuster blieb dann nur noch, die Schuld bei der

Ehefrau zu suchen. Diese Schuld wurde mir unhinterfragt aufgebürdet. Alle Erklärungsversuche, daß ich am Trinkverhalten meines Partners nicht beteiligt war, halfen nichts. Entweder man hielt mich für zu selbstbewußt, zu selbständig, zu selbstsicher, zu desinteressiert, zu vergnügungssüchtig, zu leichtsinnig, zu verschwenderisch, zu putzsüchtig, zu erfolgreich, oder man nahm von allem genau das Gegenteil an, um es als Erklärungsmuster für die Alkoholabhängigkeit des Partners heranzuziehen. Die Familien begannen sich zu spalten. Meine Familie sah genau das an mir als Grund für das Alkoholproblem an, was ihr an mir nicht gefiel, und die Familie meines Partners suchte und fand an mir, was ihr nicht in den Kram paßte, um es als Ursache der ›Trinkstörung‹ ihres Sohnes auszulegen. Dazwischen bewegte sich der Abhängige, der nicht im entferntesten daran dachte, die Fronten zu klären, wo er doch, entschuldigt von beiden Seiten, wunderbar ungestört weitertrinken und ›krank‹ werden konnte und ich dadurch als co-abhängig, wie die Fachwelt sich auszudrücken beliebt, abgestempelt wurde.

Durch dieses Zerriebenwerden zwischen den privaten Fronten und durch die Arbeitsteilung, wie sie in vielen Familien mit Kindern üblich ist – der Mann draußen, die Frau drinnen –, bestand für mich als Mitbetroffene kaum eine Chance, im engeren sozialen Umfeld auf Verständnis zu stoßen, wenn ich das Alkoholproblem des Partners andeutete.

Solange ein Mann noch seinen Beruf hat, ist er nicht krank. Das ist auch heute noch die landläufige Meinung der Bevölkerung. Der Mann muß erst die Arbeitsstelle verloren haben und die Familie womöglich in Existenzschwierigkeiten sein, bis die Klagen einer Mitbetroffenen endlich ernstgenommen werden. Wenn Familien mit einem Alkoholproblem häufig vorgeworfen wird, daß sie sich isolieren, so ist dies m.E. eher eine Auswirkung des Unverständnisses ihrer Umwelt und der versteckten Diffamierung der Mitbetroffenen. Abgrenzungstendenzen der Kernfamilie von der sozialen Umwelt sind normal und notwendig, damit sich die Mitglieder als soziale Einheit begreifen und die Elementarbeziehungen untereinander entwickeln können. Genau diese Besonderheiten der Kernfamilie werden dann bei auftauchenden Problemen einzelner gern als Verfilzungen und Abhängigkeiten verteufelt.

Immer wieder abgewiesen und mit einem Sack voll guter Ratschläge beladen, mied auch ich allmählich unnötige Kontakte, oder ich war gezwungen, genauso Theater zu spielen wie der Abhängige selbst, um falschen Beurteilungen und schlechten Tips aus dem Weg gehen zu können.

Mit der Zeit entwickelte ich allerlei Techniken; systematisch analysierte ich die Situationen, klopfte sie nach Gründen für das Trinkverhalten ab und durchschaute immer mehr das System, das der Partner benutzte, alles und jedes zur Begründung für sein Trinkverhalten heranzuziehen; bis durch das Trinken wirkliche Probleme auftauchten, die dann erst recht einen Grund zum Trinken lieferten.

Silvester 1970/71 – alles war diesmal toll verlaufen, kein Streit vorher, keine Pannen beim Fest, nette Gäste, keine quengeligen Kinder, nur noch Reste im Bierfaß, die ja nicht verderben durften, also wurden sie am Neujahrstag vom Hausherrn ausgetrunken, wie Bacchus unterm Faß liegend. Da war ich alarmiert. Es gelang mir zu Anfang des neuen Jahres tatsächlich, meinen Mann zu einem Besuch beim Internisten zu überreden. Ich war noch in dem naiven Glauben befangen, daß ein Arzt alles heilen und helfen könnte. Nach einigen Wochen der ›Behandlung‹ mit Antabus, einem Medikament, das Übelkeit verursacht, wenn Alkohol darauf getrunken wird, setzte mein Mann die Tabletten ab und trank munter weiter.

Dem Arzt gegenüber hatte er plausible Gründe, weshalb er mit dem Trinken nicht aufhören wollte. Dieser empfahl dann meinem Mann, sich an mich zu wenden und mit mir zu reden. Welch' verhängnisvoller Rat! – Warum nur mußte ich auch noch als Beichtmutter für die enthemmte Phase seiner Suchtkarriere mißbraucht werden, was den Partner zwar entlastet haben mag, aber für mich ein Schock war, zumal ich nun in eine Situation geraten war, in der ich allesverzeihende Mutter und großzügige Partnerin, oder aber Rächerin sein konnte.

Beide Parts waren zutiefst unbefriedigend für mich.

Ich weiß noch, daß ich tagelang den Sockel unseres Hauses pinselte, um das Leichengift zu verdauen.

Bis heute ist nur ein verschwindend geringer Teil der frei praktizierenden Ärzte über Suchtstrukturen informiert. Obwohl die Zahl der Abhängigen ständig wächst, wird während eines Medizinstudiums so gut wie nichts über Suchtkrankheiten gelehrt, geschweige denn ein Praktikum in einer Suchtklinik zur Auflage gemacht.

Nachdem ich die Zustände des Zweifels endlich überwunden hatte und meinem Gefühl mehr traute als allen Beteuerungen des Partners, keine Probleme mit Alkohol zu haben, ging ich zum neurologischen Gesundheitsdienst der Stadt. Am Anfang des Gesprächs war ich noch ganz zuversichtlich, endlich einmal Gehör zu finden. Aber dann stellten sich allmählich diese leisen Untertöne ein, diese sachten Hinweise auf mein Verhalten, auf meine Mutter, meinen Vater – was hatten die damit zu tun, daß mein Mann soff? Immer nur Andeutungen, die den Nebel aber bloß noch mehr verdichteten, statt ihn zu lichten! Keine Fakten, keine Aufklärung, keine Bestätigung, daß mein Mann abhängig ist. Selbstverständlich ging er mit zum nächsten Termin, er war ja gesund, fühlte sich topfit, mußte das unter Beweis stellen. Prompt kam dann auch die Reaktion von seiten der Gesprächsleiterin: »Ihre Frau ist wohl nicht sehr belastbar?« Da hatte ich ihn wieder, den Schwarzen Peter und immerhin auch den Hinweis, mich einer Selbsthilfegruppe anschließen zu können. Man nannte mir Al-Anon, die Angehörigengruppe der AA (Anonyme Alkoholiker).

Nun begann für mich ein neuer Lebensabschnitt. Die Erkenntnis, daß trotz all meiner Bemühungen um Kinder und Ehemann ein Alkoholproblem in der Familie existierte, zu akzeptieren, war nicht einfach für mich. Mit Hilfe der Gruppe lernte und begriff ich schnell, daß man sich genau entgegengesetzt zu den üblichen Vorstellungen von Krankheit verhalten muß.

- Nicht helfen
- nicht heilen
- nicht pflegen
- nichts vertuschen
- nichts leugnen
- keine Folgen des Trinkens aus dem Weg räumen
- keine Verantwortung übernehmen, für die der alkoholkranke Partner zuständig ist
- nichts beschönigen
- nichts entschuldigen
- sich nicht schuldig fühlen für das Trinken
- die ganze Wahrheit über die möglichen Folgen der Sucht kennenlernen, die bis zur totalen Verblödung reichen.

Der Partner spürte mein verändertes Bewußtsein und Verhalten. Er wurde vorsichtiger in seinem Trinkverhalten, aber die aufgesetzte Leidensmiene verstärkte sich, und das Mitleid, das das soziale Umfeld ihm entgegenbrachte, trug ihn sehr gut.

Er konnte fest damit rechnen, daß er bemitleidet wurde, wenn er von dieser harten Ehefrau, die ihm noch nicht einmal ein Bierchen gönnte, erzählte. Meine Eltern und mein Bruder wollten auch nichts davon wissen, daß ich zu einer Gruppe ging: »Man geht mit so etwas doch nicht an die Öffentlichkeit!«

Die Schwiegereltern waren immerhin bereit, zu einer Sprechstunde beim städtischen Gesundheitsamt zu gehen; zur gleichen Sozialberaterin, bei der auch mein Mann und ich in die Sprechstunde gingen.

Das altbewährte Muster kam zum Vorschein: »So war unser Sohn zuhause nicht, mit seinem Trinkproblem haben wir nichts zu tun!« Wer blieb da noch als Sündenbock übrig? Die Ehefrau, die Mitbetroffene, die Co-Abhängige. Wieder ein Grund für den ›Kranken‹, weiter in seine Sucht einzusteigen.

Mittlerweile war unser zweites Kind vier Jahre alt und kam in den Kindergarten. Nach ein paar Tagen fiel auf, daß der Kleine immer eng an der Wand entlang lief und einen verstörten Eindruck machte. Ich wurde daraufhin angesprochen und offenbarte das Alkoholproblem. – Die Kindergärtnerin bestand auf einer Besichtigung der häuslichen Umgebung ihres

Schützlings. Gut, sie konnte kommen, alles beguk-ken, ich war eine gute Hausfrau, wie sich das ge-hört. Aber ich hatte auch Stolz und der war zutiefst getroffen. Was, wenn nun der Grad der Ordnung nicht ihren Vorstellungen entsprochen hätte?

Ich ging weiter zu Al-Anon, eineinhalb Jahre lang, nur die nötige Demut meines Mannes stellte sich nicht ein. Ich war enttäuscht, daß er sich keiner Gruppe anschloß.

Nachdem ich gut ein Jahr die Angehörigengruppe besucht hatte, versuchte mein Partner plötzlich, oh-ne Alkohol auszukommen. Er war abends zuhause ansprechbar, bastelte, malte, und ich schöpfte Hoff-nung. Fast vier Monate währte diese Atempause für mich und die Trinkpause für ihn.

Dann, eines Samstags waren wir bei einem be-freundeten Ehepaar eingeladen. Mein Mann wurde gefragt, was er denn trinken möchte. Es traf mich sein herausfordernder Blick, und dann kam die Ant-wort: Wein.

Ich dachte nur: Ach, so läuft das. Ich empfand es glatt als Akt von Erpressung, denn wie sollte ich mich wehren in Gegenwart von Menschen, die nichts über Alkoholismus wußten. Diese Aktion war für mich der Tropfen, der das Faß zum Über-laufen brachte, der Grund, das Spiel nicht mehr mitzumachen. Ich wußte genau, daß ich für meine ohnmächtige Wut nirgends Verständnis finden, son-dern nur irgendwelchen Beschwichtigungsversuchen ausgesetzt sein würde, wenn ich den Mund in meinem sozialen Umfeld aufmachen würde. Ich entschloß mich spontan, am Montag morgen zu einem Rechtsanwalt zu gehen und die Scheidung einzureichen.

In Gedanken hatte ich alles durchgespielt. Lieber wollte ich in einer anderen Stadt von Sozialhilfe leben, als weiterhin wehrloses Opfer in Situationen zu sein, die er manipulierte.

Nun ging das Theater erst richtig los. In der Firma konnte er nun als Grund für sein Trinken das Scheidungsbegehren der Ehefrau anführen. Er wurde ausgiebig bedauert und verständnisvoll behandelt, ein wunderbares Heer von stummen HelferInnen stand zur Verfügung. Zum ersten Mal fiel das Treiben meines Mannes in der Öffentlichkeit auf.

Der Chef bestellte mich und fragte, warum ich mich denn scheiden lassen wolle, ich hätte doch so einen netten Mann. Das stimmte ja auch, nur trokken sollte er eben sein. Ich ließ ihn ausreden und klärte ihn ruhig darüber auf, was mit meinem Mann wirklich los war. Es war für mich eine unbeschreibliche Anstrengung, während des Gespräches die Fassung zu bewahren. Als Heulsuse hätte er mich bestimmt nicht ernstgenommen. Der Chef war wirklich betroffen und hatte wohl auch etwas Ahnung von der Problematik, denn er machte zur Auflage, daß mein Mann nur nach einer Langzeitbehandlung in die Firma zurückkehren konnte.

Zwischenzeitlich hatte mein Mann wegen der Scheidung mit Selbstmord gedroht, aber ich blieb stoisch, mir war alles gleich, nur die Situation sollte sich ändern.

Mir fiel ein Stein vom Herzen, als er bereit war, auf den Vorschlag des Chefs einzugehen. Mein Mann hing sehr an seiner Arbeit; daß er sie nicht verlieren wollte, das war seine Chance. Er hatte Glück damals, die Klinik hat ihn erneut aufgenommen, nachdem er nach einem Tag Aufenthalt wieder gegangen war.

Für dreieinhalb Monate schlossen sich die Pforten hinter ihm und ließen mich in größter Verwirrung zurück.

Ich war mit den Kindern allein auf mich gestellt, denn beide Großeltern hatten für meinen Entschluß zur Scheidung kein Verständnis. »Wir betreten dein Haus nicht mehr«, tönte es von der einen Seite, und meine Eltern vergruben sich in ihrem Kummer über ›diese Tochter‹. Die Gruppe besuchte ich nicht mehr, denn sie warnte immer vor solchen Schritten, die erfahrungsgemäß bereut würden, wenn der Sturm sich gelegt hätte.

Mein Mann weigerte sich, sich scheiden zu lassen; ich willigte ein, ließ den Antrag zwei Jahre ruhen. Oft habe ich mir später noch sagen lassen müssen, er wäre nur auf Druck hin in die Klinik gegangen. Immerhin hat dieser ›Druck‹ für ihn ausgereicht, zwölf Jahre trocken zu bleiben, keinen sozialen und beruflichen Abstieg erleben zu müssen und einige Millionen grauer Hirnzellen mehr behalten zu haben. Bei jedem Alkoholexzeß werden Hirnzellen zerstört, bis hin zur völligen Debilität. Aber diese Aufklärung steht nicht auf dem Stundenplan des Schulunterrichts, im Gegenteil, abhängige Lehrer dürfen ihre jugendlichen Schüler in aller Ruhe und Legitimität noch einladen und animieren zum Trinken; es ist ja so gesellig! Ebenso halten abhängige Professoren in geselliger Runde ihre Studenten zum Trinken an, ›zur Bewußtseinserweiterung‹. Geschäfte werden abends an der Bar abgeschlossen oder zumindest angeleiert. Auch wenn nicht gerne darüber diskutiert wird, so wissen doch viele, daß nirgends so viel gesoffen wird, wie unter Politikern und Mitarbeitern der Medien – Zufall?

Während mein Mann nun in der Klinik an seiner Genesung arbeitete, hatte ich viel Zeit zum Nachdenken.

Zwölf Jahre waren vergangen seit dem Tag unserer Hochzeit. Wie viele Chancen hatte ich wirklich gehabt, mich gegen die sogenannte Co-Abhängigkeit zu wehren? Warum ich diesen Mann geheiratet hätte, wurde ich Jahre später gefragt. Wer weiß das schon so genau mit neunzehn! Aus Liebe, aus Neugierde, aus Veränderungslust, weil man sowieso einmal heiratet, um der Kontrolle der Eltern zu entrinnen – viele Gründe haben wohl dazu geführt, daß ich heiratete und in seine Stadt zog. In eine komplett eingerichtete Dreizimmerwohnung, gut ausgestattet, wie es sich für eine Bäckermeisterstochter gehörte. – »Wer nix erheirat', nix ererbt, der bleibt ein armer Deibel, bis er sterbt.« Zuhause hatte ich im elterlichen Geschäft meine Lehre im Einzelhandel gemacht und anschließend weitergearbeitet, weil ich gebraucht wurde und es mir auch Spaß machte, wie im eigenen Laden zu arbeiten.

Ich hatte vollen Handlungsspielraum und ebensoviel Verantwortung, da fühlte ich mich erwachsen. Fünf Jahre dauerte diese Phase, bis mein zehn Jahre älterer Bruder das väterliche Geschäft beanspruchte, da er bisher immer in der Produktion mitgearbeitet hatte. Irgendwie fühlte er sich benachteiligt; aus seiner Sicht durfte ich all das tun, was ihm noch aus finanziellen Gründen versagt geblieben war, da seine Jugend nach dem Krieg in die Aufbauzeit gefallen war. »Ich schaff' nur für die Prinzessin!« Wahrscheinlich saß der Frust noch tief, den er empfunden haben mag, als er zwischen dem zehnten und vierzehnten Lebensjahr die kleine Schwester oft hat beaufsichtigen müssen, und seine Freunde konnten Fußball spielen.

Der Bruder fuhr mit mir oft an den Rhein, wie er mir selbst erzählte, und schob den Kindersportwagen immer mit den Vorderrädern über den Uferrand. »Soll ich dich reinfahren?« Sein Beschützerinstinkt blieb zwiespältig, die Bevormundung und

Kommentierung fast aller meiner Handlungen ein Leben lang erhalten. Obwohl wir uns später sehr selten sahen, war er über alles bestens unterrichtet. Auf jeden Fall war ich, ›die Prinzessin‹, tief enttäuscht, nun meine Stelle im elterlichen Geschäft an die Frau des Bruders abgeben zu müssen. Daß auch Geschwister gemeinsam einen Handwerksbetrieb der Eltern übernehmen können, dieser Gedanke war noch zu weit hinter dem Horizont damals. Ist dieser Horizont heute wirklich viel näher gerückt?

Als mein Bruder das Geschäft übernahm, kannte ich meinen späteren Mann knapp eineinhalb Jahre. Es hatte sich mit der Zeit so ergeben, daß er fast nur noch in meine Stadt reiste, wenn wir uns sehen wollten. Wir waren freier; was die Gestaltung des Wochenendes anbetraf, wurden wir nicht so starken konventionellen Zwängen unterworfen wie in seinem Elternhaus. Dort teilten sich vier Erwachsene 60 qm Wohnraum, und wenn ich zu Besuch kam, stand alles Kopf. Da inszenierte die ganze Familie das Spiel ›perfekte Gastgeber‹, wie es zu sein hatte in einem Beamtenhaushalt preußischer Abstammung. Ich war sehr beeindruckt, und im Vergleich schnitt mein eigenes Elternhaus sehr schlecht ab. Zu einer differenzierten Sicht, warum das bei uns ganz anders war, bin ich in meinem siebzehnten Lebensjahr nicht in der Lage gewesen. Es hat mir gefallen, und die damit einhergehende Einengung habe ich nicht bewußt wahrgenommen, nur daß mein Freund nach einiger Zeit öfter zu mir zu Besuch kam. Ich hatte viele Bekannte, mehr Platz, mehr Zeit, mehr Geld. Er mußte sein Gehalt zuhause abgeben und bekam nur ein Taschengeld ausgezahlt, wie überhaupt alles für ihn geregelt wurde. Wenn die Mutter verschlafen hatte, fing sie an zu heulen, weil sie den Sohn nicht geweckt hatte.

Ich glaube, mein Freund fand das damals alles ganz normal, es war ja auch bequem so, also wozu sich wehren. Unbehagen drang gar nicht erst ins Bewußtsein.

Als wir uns nach eindreivierteljähriger Freundschaft entschlossen zu heiraten, kannten wir uns nur mit dem Sonntagsgesicht. Jeder spielte eine Rolle, von der wir dachten, so macht man das als Ehefrau oder als Ehemann. In Wahrheit taten wir nur die Fehler unserer Eltern zusammen – soweit wir überhaupt in der Lage waren, das zu durchschauen – und sagten uns: »Wir machen alles anders und viel besser.«

Da mein Mann die Firma nicht wechseln wollte und ich beruflich nicht gebunden war, erklärte ich mich bereit, in seine Stadt zu ziehen. Am Anfang fühlte ich mich sehr einsam, daher wollte ich in einen Tennisclub wie zuhause, wollte Geselligkeit und vor allem auch Freizeit. Die habe ich vorher kaum gekannt, denn in unserem Handwerksbetrieb hatte ich schon als Kind mithelfen müssen. Meine Freizeit wurde aber aus einer Entfernung von zwei Kilometern Luftlinie von der Schwiegermutter bestens im Auge behalten. Sie hatte alles aufgegeben, als sie geheiratet hat, um nur für Mann und Kind zu leben. Eine Schwiegertochter mit zu viel Zeit? Aus mir mußte doch eine perfekte Hausfrau werden, würdig, den geliebten Sohn zu versorgen. Hemden bügeln, seine Lieblingsspeise kochen, regelmäßig putzen, darauf achten, daß Strümpfe gestopft, Knöpfe angenäht waren und jeden morgen ein frisches Hemd bereitlag. Lernen, Gäste richtig zu bewirten, mußte ich auch. Welcher Wein zu welcher Speise gehörte, wie die Bowle, die kalte Ente und die Cocktails anzurichten waren. Ich hatte ja keine Ahnung, und wie die Schwiegermutter bei meiner Verlobung und Hochzeit sehen konnte, war meine Mutter keine gute Hausfrau. »Wie eben Geschäftsfrauen so sind – man soll nicht zwei Dinge auf einmal tun.« So lernte ich eben vier Jahre, Hausfrau mit Freizeit zu sein, wie mein Mann Industriekaufmann mit Freizeit war. Die Wippe lag noch horizontal, Geschlechterrollenkonflikte wurden in der Freizeit ausgeglichen.

Bis das erste Kind zur Welt kam. Unsere Tochter.

Totale Gebundenheit ans Haus, keine hilfreiche Oma, nur eine gutmeinende, aber bestimmende Schwiegermutter, die mich zur Geburt ins Krankenhaus brachte. Morgens um zehn Uhr konnte man ihrer Ansicht nach den werdenden Vater doch nicht aus dem Büro holen, der hatte doch seine Pflichten zu erfüllen. Aber ich bemerkte, daß er Zeit hatte, über Mittag mit Kollegen ein Bierchen zu trinken, das war ja schon zum Ritual geworden. Den Beistand des Vaters konnte ich mir also abschminken.

Die Tochter kam am frühen Abend problemlos zur Welt, kein Dammschnitt, keine Narkose. Ich hatte nach Read entbunden und war stolz, daß es so gut gegangen war. Nur die Milch wollte sich nicht einstellen, obwohl meine Brust das Dreifache des früheren Umfanges angenommen hatte. Später stellte sich noch eine schmerzhafte, fiebrige Brustentzündung ein. Vor den Spritzen versteckte ich mich auf der Toilette, aber ich mußte das schon über mich ergehen lassen, denn ich wollte gesund werden.

Während des Wochenbettes war an der Unterbringung gespart worden, das überfüllte Zimmer – vier Wöchnerinnen, jede Menge Besucher auf höchstens 20 qm – waren für mich zum Ersticken. Das gesparte Geld sollte ich lieber nach der Klinikentlassung für schicke neue Kleidung ausgeben, damit ich dem Sohn, der nun Vater war, auch wieder gefiele. So der ›gute Rat‹ der frischgebackenen Großmutter.

Hätte der Vater lieber einen Sohn gehabt oder ich? Ich fühlte dumpf, fast noch bewußtlos, daß es Männer irgendwie besser haben, aber warum, wieso, wodurch – ich hatte keine Ahnung. Von nun an mußte ich glückliche Mutter sein, ich hatte allen Grund dazu, das Kind war kerngesund, nur das Glücksgefühl stellte sich nicht ein, wie bei so vielen Frauen, die erst Jahre später den Mut hatten, sich zu bekennen und den sogenannten Mutterinstinkt ad absurdum zu führen. Zwei Tage nach meiner Entlassung aus dem Krankenhaus fuhr meine eigene Mutter wieder zu ihrer Familie, sie hatte mir bei den Vorbereitungen für die Ankunft des Babys geholfen. Ich fühlte mich recht hilflos, so allein mit dem noch unbekannten Wesen, und auch abhängig vom Kind. »Die psychotherapeutische Praxis zeigt, daß die Situation junger Mütter ... durch die soziale Isolation, in die eine Frau gerät, die mit Kleinkind und ohne Berufstätigkeit auf den häuslichen Bereich der Kleinfamilie beschränkt bleibt, ganz spezifische pathogene Faktoren umfaßt ... An dieser Stelle wird auch die Aufgabe des Vaters besonders deutlich. Sie stellt sich ... u.a. danach, ob er dem Kind die Ablösung von der Mutter, die sogenannte frühe Triangulierung, ermöglichen kann.« (Marina Gambaroff, Utopie der Treue, 1990)

Der Vater tat, was gesellschaftlich erlaubt war. Er hat die Geburt seiner Tochter kräftig begossen.

Kaum war ich wieder in der eigenen Wohnung, wurde der Nachbar eingeladen zum Gucken und zum Schlucken, wie so üblich. Was hätte mir Protest in dieser Situation gebracht? Das Kind wuchs rasch, war aber sehr unruhig und spie manchmal die ganze Flasche wieder aus. Niemand hatte mir gesagt, daß ich das Kind pflegen konnte, wie ich es als richtig empfand – o nein, da waren so viele, die alles besser wußten. Mutter, Schwiegermutter, Kinderärztin,

Säuglingsberatung, VerfasserInnen von schlauen Artikeln und Büchern. Nur ich wußte nichts, meinte ich jedenfalls als unsichere junge Mutter mit dem ersten Kind. Theorie hätte ich auch gar nicht kennen müssen, nur mehr auf meine eigenen Gefühle von richtig und falsch achten sollen, um Einfühlungsvermögen in das Kind besser entwickeln zu können.

Später habe ich die Kinderärztin gewechselt, sie hätte mich mitsamt dem Kind zerstört. Sie bestand nur aus Maßregelungen, ich machte alles falsch – fatal für eine Wechselbeziehung zwischen Mutter und Kind. Der jüngere Kinderarzt, den ich aufsuchte, war verständnisvoller mit dem quirligen Kind, das schon mit sieben Monaten laufen konnte, und sagte nur: »Das Mädchen braucht einen Hockeyplatz, um sich auszutoben!« Endlich einmal jemand, der anerkannte, daß es auch anstrengend war, von einem Montagmorgen bis zum nächsten rund um die Uhr Mutter zu sein.

Wir als junge Eltern hatten die perfekte Rollenteilung eingeführt. Der Vater war für den beruflichen Bereich zuständig und ich für den häuslichen. Frust aus dem Büro spülte er sich noch eben in der Kneipe weg, bevor er nach Hause kam, und ich stand am Fenster und wartete mit dem Kind auf dem Arm. »Du mußt das Kind früher zu Bett bringen und den Mann vom Büro abholen«, riet mir die Schwiegermutter. Ich tat das natürlich nicht. Aber dieser Rat hatte Zweifel in mir gesät. Sollte ich wirklich den

Mann abholen, um ihn daran zu hindern, in die Kneipe zu gehen? Saß ich zuhause, kamen die Zweifel, ob es nicht doch richtiger wäre, den Mann abzuholen oder ihm Gesellschaft zu leisten bei seinen Bierchen und ihm somit das schlechte Gewissen zu ersparen, wenn es spät wurde. Komisch fand ich nur, daß er immer früh gehen wollte, wenn wir zusammen an einer Feier teilnahmen. Da hatte er nun Gelegenheit, in Ruhe seine Bierchen zu trinken, und wollte schon gehen; gerade dann, wenn es anfing, mir selbst Spaß zu machen, wenn ich tanzen konnte oder mich mit anderen unterhielt. (Später gestand mir mein Mann, daß er immer rechtzeitig hätte gehen müssen, um nicht vom Stuhl zu fallen.)

Vor dreißig Jahren war ich nicht autonom genug, trotzdem zu bleiben. Es gehörte sich, daß die Frau Rücksicht nahm. Ich war sowieso viel zu selbständig in den Augen unserer Verwandten. Einige Freundinnen von mir wurden mir immer von Mutter und Schwiegermutter als leuchtende Beispiele vorgehalten. Ich solle doch einmal sehen können, wie toll die auf ihre Männer eingingen. Sie wären so ›weiblich‹. Oder waren es doch nur domestizierte Puppen?

Oh, man(n) kann lange sein Trinkverhalten verbergen und alle Spannungen, die sich daraus ergeben, der eigenen Frau in die Schuhe schieben. Die Umwelt glaubt es, deshalb ist es möglich, auch heute noch, trotz aller Aufklärung über Sucht und Abhängigkeit. Aber wer wird denn aufgeklärt? Über was wird denn aufgeklärt? Es ist ein langer Weg bis zur körperlichen Abhängigkeit; dann erst setzen die Weisheiten und Regeln von allen Seiten ein, jeder ›Experte‹ weiß es besser. Aber vorher, wie sahen die Reaktionen der Umgebung aus, als ich den Finger in die Wunde legte? Solange der Betroffene sich nicht zu seiner Sucht bekennt, werden die Angehörigen nur abgewimmelt und auf das Motto verwiesen: »Jeder ist für sich selbst verantwortlich.« Ganz gewiß, aber die Betroffenen sind auch Opfer gesellschaftlicher Strukturen, und die Mitbetroffenen (vor allem die Frauen) sind die Opfer der Opfer, das habe ich im eigenen Leben erfahren müssen.

Dreieinhalb Jahre nach der Geburt der Tochter wurde unser Sohn geboren. Während dieser Schwangerschaft war es mir besser gelungen, mich gegen unliebsame Einflüsse abzugrenzen. Natürlich war bei dem zweiten Kind fast alles einfacher für mich, aber diese Erfahrung machen fast alle Mütter mit mehreren Kindern. Der Umgang mit dem zweiten Kind war viel routinierter und sicherer und vor allem: ich pflegte das Baby in der Weise, die ich als richtig empfand.

Wieder kamen die Unkenrufe aus allen Ecken, daß eine junge Mutter so aber nicht mit ihrem Kind umgehen sollte.

Doch, ich tat mehr, was ich für richtig hielt, und brachte die Bedürfnisse des Kindes und meine eigenen besser in Einklang. Nur körperlich war ich nach der Geburt sehr geschwächt. Daher bat ich eines Abends meinen Mann, dem Baby die letzte Flasche zu geben. Gegen 24 Uhr wurde ich plötzlich wach und wollte nach Vater und Kind sehen – ja, ich habe gesehen; aber was: einen völlig betrunkenen Vater, der im Sessel schnarchte und dem das Baby jede Sekunde vom Schoß rutschen konnte.

Wie versteinert starrte ich auf das Bild, das sich mir darbot. Ich war fassungslos, wie ein Mensch so seine Pflicht vernachlässigen konnte. Da war sie wieder, die ›Verantwortlichkeitsfalle‹, in der ich gefangen war. Was sollte ich denn tun als Mutter, wenn der Vater, anstatt mich zu unterstützen, auch noch das Kind in Gefahr brachte? Wie sollte ich die Verantwortung teilen können, wenn ein Elternteil sich entzog? Mich hätte man wegen Vernachlässigung der Aufsichtspflicht an den Pranger gestellt.

Versuche, den Vater zur Kinderpflege mit heranzuziehen, scheiterten kläglich. Ich bin überzeugt, daß fast alle mitbetroffenen Familienmütter ähnliche Erfahrungen haben, wie mir einige bestätigten.

Je mehr ich aber in die familiären Pflichten eingebunden war, desto gravierender wurde das Trinkverhalten des Partners. Als wieder eine exzessive Trinkperiode vorüber war, kämpfte ich aus lauter Verzweiflung einen ganzen Tag mit Selbstmordgedanken – der Tag war sehr lang. Nur der einjährige Sohn war im Haus, wo das Mädchen war, weiß ich nicht mehr. Der Kleine lief und kroch durch die

Wohnung, und ich lag mit meiner Matratze im Wohnzimmer, da ich aus dem gemeinsamen Schlafzimmer vorübergehend ausgezogen war. Völlig apathisch, nahm ich nichts mehr richtig wahr, auch nicht, daß das Kind Schokoladenstreusel, die es irgendwo in der Küche gefunden haben mußte, überall in der Wohnung verstreute und den Rest wohl selbst vor lauter Hunger aufaß. Gegen Abend tauchte ich endlich aus meiner Apathie auf, sah das Chaos, das unversorgte, durchnäßte Kind und dachte: Umbringen wegen eines Mannes? Niemals! Von nun an wollte ich kämpfen, das schwor ich mir. Viel zu lange hatte ich aus Scham, Entsetzen, Verwirrung und dem – leider richtigen – Gefühl heraus, daß mir doch niemand glaubt, geschwiegen. Wie sich später immer wieder erweisen sollte, kam nur ein Erklärungsmuster: Ich hätte tun, machen, sagen, handeln sollen; nur wie, das wußte auch niemand, überall nur hilfloses Schulterzucken und mitleidiges Getuschel.

Den Gipfel der Perfidie erlebte ich 1973, als ich meinen Mann in die Klinik zur Aufnahme fuhr. Als er versorgt und weitergeschickt im Nebenzimmer verschwunden war, sagte der junge Aufnahmeangestellte zu mir: »Der geht sowieso auf die Walz!« Das hat gesessen, das waren ja tolle Aussichten für eine junge Ehefrau mit zwei kleinen Kindern. Innerhalb von Sekunden wurde mir der Boden meiner Existenz weggezogen. Wie kann ein Mensch in einer solchen

Situation nur so etwas sagen? Ich sollte wohl im Schnellverfahren darauf hingewiesen werden, was passieren könnte. Zitternd ging ich zum Auto und fuhr die kurze Strecke bis zur Wohnung viel zu schnell. Häufig tauchte in den nächsten Wochen der Gedanke in mir auf: Ach, hätte *ich* doch nur getrunken, dann würde *ich* jetzt betreut. So fühlte ich mich nur als mitschuldig, als co-abhängig gebrandmarkt oder in die Rolle gedrängt, die die Therapeuten aufgrund der Aussagen meines Mannes für mich bereithielten.

Eine gesunde Wut empfinden, wie denn? Gegen den Abhängigen selbst, der den ganzen Schlamassel angerichtet hatte? Er ist doch der ›Kranke‹ und hat mildernde Umstände. »Sie lächeln immer nur«, sagte der Stationsarzt, als ich ihm während der Besuchszeit einmal begegnete. Mir war wahrlich mehr zum Heulen zumute, aber hätte ich mich bei ihm ausweinen können, ohne gleich als hysterisch abgestempelt zu werden? Als masochistisch, als überempfindlich, als zu emotional, als lustvoll im Leiden und dergleichen Etiketten mehr? Man ging recht gedankenlos mit Angehörigen um, aber es sollte zwanzig Jahre später nicht besser sein. Zumindest für mich waren die Methoden im Umgang mit Angehörigen dann auch nicht hilfreicher, im Gegenteil.

Ohne Wenn und Aber hat mich damals nur eine ältere Frau, die bei uns im Haus wohnte, in den Arm nehmen können. Sie paßte auf die Kinder auf, wenn ich einmal weg war. Ihre Warmherzigkeit werde ich ihr nie vergessen. Wertfrei Trost spenden können nur wenige Menschen. Sie mochte auch meinen Mann, und dafür war ich ihr gleichfalls dankbar.

Ich konnte es nicht ertragen, wenn andere abfällig über ihn redeten, auch er hatte ein Recht auf gerechte Beurteilung. Und die Kinder in dieser Zeit? Familientherapeutische Ansätze waren noch kein Thema, außerdem hatte niemand mit mir offen darüber geredet, daß die Kinder seelischen Schaden genommen haben könnten – wenn, würde sich das dann schon zeigen.

Trockenheit

Kurz vor Weihnachten 1973 kam mein Mann aus der dreieinhalbmonatigen Behandlung zurück. Unsicher begegneten wir uns und bereiteten gemeinsam das Weihnachtsfest vor. Für die Kinder hatte er in der Klinik Stofftiere gebastelt, eine Schildkröte und einen Frosch. Ich fand das ganz toll, daß mein Mann so etwas gemacht hatte, und dachte mir: Vielleicht kommt diese kreative Seite in seinem Berufsleben doch etwas zu kurz.

Seit wir Kinder hatten, war dies das erste Weihnachtsfest, das wir ohne die beiden Großeltern feierten. Vom Arbeitsaufwand her gesehen war ich zwar froh, nur vier Personen versorgen zu müssen, trotzdem fragte ich mich: Warum blieben sie gerade jetzt von uns weg? Jahrelang hatten sie immer mit uns feiern wollen, Weihnachten mit Kindern ist ja so schön. Ich fühlte mich doch irgendwie verletzt. Eine Krise in der Familie, und schon wird man gemieden, obwohl ich doch meist dafür zuständig war, ihre emotionalen und sentimentalen Bedürfnisse zu befriedigen.

Die erste trockene Silvesterfeier gemeinsam mit

den Kindern hatte mein Mann sehr einfallsreich gestaltet.

Er konnte besser und geduldiger mit den Kindern spielen als ich. Mit schwarz angemalten Nasen begrüßten wir alle hoffnungsfroh das neue Jahr.

In den folgenden Monaten wirkte der langsam wieder nüchtern werdende (es dauert maximal zwei Jahre, bis eine stabile Trockenheit erreicht ist) Vater aktiv an der Gestaltung der Kindergartenzeitung mit. Außerdem war er drei Jahre lang Betreuer der Hockeyknaben, in deren Mannschaft unser Sohn mitspielte. Mit zunehmender Trockenheit gestaltete sich das Familienleben immer normaler, oder zu normal? Mit der Zeit bemerkte ich nichts mehr von einem Alkoholproblem in der Familie.

Wir bewirteten zuhause Gäste mit alkoholischen Getränken, wenn sie es wünschten, und unter trinkenden Geschäftsleuten konnte mein Mann ebenfalls mit Sprudelwasser dabeisitzen. Eine Gruppe besuchte mein Mann nicht und kam anscheinend auch so zurecht. Nur mich beschäftigte die Gefahr eines Rückfalles innerlich. Ich versuchte diese Ängste bei einem Psychiater, der sich durch seine klinische Tätigkeit auch mit Suchtkrankheiten auskannte, loszuwerden. Sein Kommentar: »Jede Ehe ist ein Risiko!« Wahrscheinlich hatte er recht. Ich mußte daran denken, daß ich mir im zweiten Ehejahr meinen Rentenversicherungsanteil auszahlen ließ, weil ich aus lauter Liebe meinem Mann ein Tonbandgerät kaufen wollte. Ich hatte immerhin schon fünf Jahre ›geklebt‹, wie es so schön hieß. So kam ich immer mehr zu dem Entschluß, etwas für mich zu tun, denn als Verkäuferin im Einzelhandel zwei Kinder ernähren zu müssen, wäre keine leichte Aufgabe gewesen. Sie blieb mir erspart, aber in Ruhe mein Hausfrauendasein ausfüllen, das konnte ich auch nicht mehr. Zu oft hatte ich beobachtet, wie Familienmüttern vorgeworfen wurde, wenn sie sich wegen der finanziellen Misere über ihre trinkenden Männer beklagten, sie hätten doch gewußt, daß der Partner alkoholkrank sei, und hätten also arbeiten gehen können.

Schon hier liegen die Wurzeln der Widersprüche, die später, wenn die Jugendlichen aus Familien mit einem Alkoholproblem Schwierigkeiten beim Erwachsenwerden haben, zum Tragen kommen. War die Mutter ausschließlich Hausfrau, heißt es in der Therapieszene häufig: Sie hat zu sehr gegluckt und die Kinder erdrückt, keine eigene Identität entwikkeln lassen, zu sehr behütet usw., oder es wird genau das Gegenteil behauptet, wenn die Mutter berufstätig ist. Es heißt dann meist: vernachlässigte Schlüsselkinder, denen es an Liebe mangelte.

Im Katalog zur 15. Oldenburger Kinder- und Jugendbuchmesse 1989 bemerkt Gottfried Mergner sehr richtig: »Mütter werden am Muttertag hochgepriesen und werden beinahe in jeder psychoanalytischen Behandlung verteufelt. In unserer Gesellschaft leisten Mütter alle Arbeit, um die kleinen menschlichen Wesen am Leben zu erhalten und das bißchen Ahnung von menschlicher Liebesmöglichkeit zu vermitteln, ohne die unsere Gesellschaft an der Kälte der Väter schon längst erstarrt wäre. Aber gleichzeitig werfen wir ihnen vor, uns an die Väter verraten, unsere Liebe mißbraucht und aus uns seelische Monster gemacht zu haben.«

An der Schwelle zum Erwachsenenalter meiner Kinder sollten mich ähnliche Vorwürfe von ihrer Seite treffen, aber noch war es nicht soweit, ich hatte noch Schonfrist, denn ihre Schulzeit verlief relativ problemlos.

Ich machte mir nun Gedanken, wie ich Familie und Weiterbildung am besten unter einen Hut bringen konnte, ohne daß ich meinte, nun käme die Familie zu kurz. Als unsere Tochter ins Gymnasium wechselte, entschloß ich mich, auf der Abendschule das Abitur nachzuholen, um für eine eventuelle Berufstätigkeit besser gerüstet zu sein. Außerdem hatte dieser Entschluß für mich den Vorteil, daß ich tagsüber zuhause sein konnte und fast alles wie gewohnt weiterlief. Jedenfalls versuchte ich, wie es viele Frauen tun, nur ja die Familie nicht spüren zu lassen, daß sich vielleicht doch etwas ändert, wenn die Mutter beginnt, auch ein Eigenleben zu haben.

Schulferien der Kinder waren kein Problem, denn ich hatte ja in der Abendschule zur gleichen Zeit Ferien, und die Versorgung und ebenso der gemeinsame Urlaub waren gesichert. In den ersten Jahren meines Abendschulbesuches hatte ich viel Unterstützung von meinem Mann, abends spielte er mit den Kindern oder sah nochmal ihre Hausaufgaben durch. Viel Freude machte es ihm auch, mir zeigen zu können, was er alles noch aus seiner eigenen Schulzeit wußte, denn er war mir ja in der Schulbildung noch voraus.

In der Abendschule fühlte ich mich pudelwohl. Zwar war ich schon eine der älteren Schülerinnen, aber was die Leistungen betraf, machte das keinen Unterschied zu den jüngeren. In der Schule war ich voll akzeptiert. Nur mein engeres soziales Umfeld reagierte negativ. Im Sportclub z.B. machte man mir den Vorschlag, ich sollte doch lieber die Kinder und Jugendlichen betreuen, statt das Abitur nachzuholen. In meiner Funktion als nicht berufstätige Mutter lauerte allseits der Job ›Einspringerin‹: als Mitbetreuerin bei Klassenfahrten der Grundschüler, als Aushilfsbibliothekarin im Gymnasium, als Mitorganisatorin bei Schul- und Pfarrfesten, als Kuchenbäckerin bei Sportfesten usw. Die Liste läßt sich beliebig verlängern, immer mit dem Hinweis: Sie haben doch Zeit, Sie könnten doch mal ... Der moralische Druck schleicht sich von allen Seiten ein. Hatte ich keine Zeit, blieb Verunsicherung zurück und das Gefühl, unsozial zu sein.

Die Verwandtschaft beobachtete mein Tun mit zwiespältigen Gefühlen. Mein Vater reagierte mit der

Bemerkung: »Du kannst mir keine Vorwürfe machen, du hättest länger in die Schule gehen können.« Aber wie denn? Lernen erfordert Zeit, und Lesen galt zuhause als Faulheit. Ich sollte Überflieger sein oder meine Zeit nützlicher verbringen, sprich im Haushalt und Geschäft helfen. Dies war wohl auch der Hintergrund, warum ich später so ›nutzlose‹ Fächer wie Philosophie und Germanistik studierte.

Als ich die mittlere Reife erreicht hatte, wurde mein Mann als ›armer Sohn‹ von meiner Schwiegermutter bemitleidet, und ich bekam zu hören: »Nun ist es aber doch genug!« Unterschwellig hat mich diese Äußerung geradezu angestachelt, weiterzumachen. Solange die berufliche Situation meines Mannes unsicher war – seine Firma strebte einen Vergleich an –, war es ganz in Ordnung, daß die Frau etwas lernte, vielleicht mußte sie ja mal zum Familienunterhalt beitragen.

Das Klima änderte sich aber schlagartig für mich, als sicher war, daß eine neue Stellung für ihn bereitstand. Die Auflösung der alten Firma nach gescheitertem Vergleichsverfahren und eine gleichzeitige Einarbeitung am neuen Arbeitsplatz absorbierte alle Kräfte des Familienvaters, und an eine mögliche Unterstützung der Ehefrau, was die Probleme von Haushalt und Kindern betraf, wurde nicht mehr gedacht. Ich durfte irgendwie weitermachen; wie ich das schaffte, war einzig und allein mein Problem.

Im gleichen Jahr starb mein Vater, der über Jahrzehnte ein Reibungspunkt in der Familie gewesen war, ein Choleriker, der alle in Atem hielt. Plötzlich waren alle, die zu seiner nächsten Umgebung gehörten, auf sich selbst zurückgeworfen. Besonders meine Mutter reagierte mit völliger Hilflosigkeit auf seien Tod und appellierte dadurch an meine moralische weibliche Aufgabe, sie doch zu unterstützen. Als Zwölfjährige hatte ich schon meiner Großmutter im Altenheim, das damals beileibe keinen Komfort besaß, beim sonntäglichen Bad behilflich sein müssen. Weibliche Selbstaufopferung wird schon früh eingeübt. Obwohl meine Mutter noch in meiner Geburtsstadt lebte und mein Bruder und seine Familie mit ihr im selben Haus wohnte und arbeitete, drangen die häufigen Klagen der Einsamkeit bis zu mir und verursachten ein schlechtes Gewissen; denn: Mußte ich nun ausgerechnet jetzt das Abitur nachmachen? – das war der Grundton der vorwurfsvollen Haltung mir gegenüber. Die Abgrenzung war nicht leicht; ich hatte meine Mutter mitgenommen in einen gemeinsamen Familienurlaub, aber der Umgang mit ihrer Trauer fiel mir schwer, war dies doch ein völliger Rückzug aus der Welt. Zu viel Raum hatte sie meinem Vater in ihrem eigenen Leben gegeben.

Die Rückbesinnung auf ihr eigenes Selbst ist ihr bis zum eigenen Tod, zweieinhalb Jahre später, nicht mehr gelungen.

In diesen zweieinhalb Jahren ging meine Mutter zu drei verschiedenen Ärzten. Jedem erzählte sie von ihrem Schicksalsschlag, und jeder verschrieb ihr Medikamente, keiner machte sich die Mühe, mit ihr zu reden, geschweige denn die Medikation anzuzweifeln, die verordnet wurde. Der leichte Zugang zu Medikamenten, verbunden mit ihrer seelischen Not, machten meine Mutter in ihren letzten Lebensjahren medikamentenabhängig.

Hier klage ich an! Liegt die Verantwortung dafür einzig und allein beim Individuum? Kann nicht verantwortungsvollere Hilfe von Ärzten geleistet werden? Gerd Glaerke zitiert in einem Artikel aus der Zeitschrift des Deutschen Guttempler-Ordens (International Organization of Good Templars I.O.G.T.) e.V., April 1991, Nr. 2: »Eine große Zahl Medikamentenabhängiger ist durch Zutun von Ärzten abhängig geworden. Die voreilige Verschreibung von Schmerz-, Schlaf- und Beruhigungsmitteln führt in der Regel kurzfristig zu deutlicher psychischer Entlastung, aber unbemerkt und unterstützt durch den rezeptierenden Arzt geraten auf diese Weise viele Patienten allmählich in die Abhängigkeit. Es sind vor allem Frauen und die älteren Menschen, die den Hauptanteil dieser Beruhigungs- und Schlafmittel verordnet bekommen. Zwei Drittel aller Dosierungen gehen an Frauen, insgesamt 60% an Menschen über 60 Jahre. Gerade der letzte Befund stützt die Vermutung, daß sich viele ältere Menschen in ungeahnten Gefahren befinden.«

(Gerade 3,7% aller verordneten 21,4 Mrd. Tagesdosierungen im Jahr 1988 reichen aus, um 2 Mio. Menschen täglich mit einer ausreichenden Dosierung solcher abhängigkeitsauslösenden oder -unterhaltenden Arzneimittel zu ›versorgen‹).

Das Gefühl des Versagens im Umgang mit meiner trauernden Mutter sollte mich noch lange begleiten. Trotz all dieser familiären Schwierigkeiten und eigener innerer Bedrängnisse habe ich die Abendschule bis zum Ende durchgehalten und das Abitur gemacht. Von über dreißig Personen in der Anfangsklasse waren ein Mann, zwei Frauen und ich selbst übriggeblieben. In vier Hauptfächern hatte ich noch schriftliche Prüfungen zu überstehen, es gelang mir gut, ich war dem Druck besser gewachsen, als ich dachte. Vormittags schrieb ich die jeweilige Prüfungsarbeit, um danach so schnell wie möglich den Haushalt zu erledigen, für den nächsten Tag vorzukochen, damit ich mich wieder in die Prüfungen stürzen konnte.

Die Familie sollte ja so wenig wie möglich von meinen Aktivitäten spüren. In ähnlichen Fällen springen meist solidarische Omas ein, aber die eine war selbst hilfsbedürftig und die andere alles, nur nicht solidarisch mit der Schwiegertochter, die doch ihren Sohn vernachlässigte. So jedenfalls handelte in ihren Augen eine Frau, die sich nicht nur um Familie und Haus kümmerte. Schon Jahre zuvor, nach einer Bootsfahrt auf dem Rhein mit den Enkelkindern und mir, mußte sie direkt bei der Rückkunft nach Hause hetzen, um den Mann zu versorgen, und tatsächlich stand er schon auf dem Balkon und hielt Ausschau, wo denn die Frau blieb, um ihm sein abendliches Butterbrot zu schmieren.

Ich habe beobachtet, daß auch heute noch, besonders in der oberen Mittelschicht, es viele Frauen für selbstverständlich halten, dem Ehemann die Butterbrote zu schmieren. Tun sie es nicht, ißt er lieber auswärts oder läßt sich von der Sekretärin versorgen.

Todernst sprechen einige Frauen dann von ›Arbeitsteilung‹, die bis zur völligen Unfähigkeit und auch Weigerung ihrer Männer geht, ihren Hunger selbst zu stillen, falls die Ehefrauen einmal nicht in der Lage sind, ›die Bütterchen‹ portionsgerecht zu servieren. Auch ist es durchaus gesellschaftliche Norm, daß in den meisten Sportclubs die Frauen abends mit ihren Männern am Tresen stehen und quasi zugucken, wie die sich ihre Bierchen reinkippen. An Wochenenden geht es meist schon tagsüber mit dem Trinken los, und die sportliche Betätigung dient nur als Alibi, um hinterher einen schlucken zu können. Es ist mir aufgefallen, daß nur sehr wenige Frauen den Mut haben, sich einzugestehen, wie langweilig sie dieses Verhalten finden. Wagen es einige, ihre Freizeit nach eigenen Bedürfnissen zu gestalten, wird dies sofort durch negatives Gerede sanktioniert. Patriarchalische Strukturen lassen sich in den meisten Sportclubs in Reinkultur nachweisen, und diese haben enorm schädliche Auswirkungen auf das Trinkverhalten der Männer.

Schon die schnelle Bereitwilligkeit der meisten Partnerinnen, den alkoholisierten Mann zu später Stunde nach Hause zu kutschieren, um ihm den Führerscheinverlust zu ersparen, trägt dazu bei, daß er verantwortungslos und ungestraft saufen kann. Fährt er doch selbst, wird sich nach einem feuchtfröhlichen Wochenende sogar in aller Unschuld darüber unterhalten, daß man ganz schön einen sitzen hatte, aber beim Autofahren nicht erwischt worden ist.

Was nützt das schlechte Gewissen eines betrunkenen Autofahrers hinterher, nachdem er einen Menschen totgefahren hat? Für mich ist das glatter Mord, ins Mäntelchen alkoholbedingter Unzurechnungsfähigkeit gehüllt.

Es gilt immer noch als männlich, einen über den Durst trinken zu können.

Nachdem ich trotz aller äußeren Widrigkeiten das Abitur mit einem guten Ergebnis geschafft hatte, ruhte ich mich den kommenden Sommer über erst einmal aus. Den Entschluß zu einem Studium hatte ich noch gar nicht gefaßt, höchstens eine vage Vorstellung im Hinterkopf.

Entsprechend lange dauerte es dann auch, bis ich mich dazu entschließen konnte. Erst drei Tage vor Semesterbeginn habe ich mich eingeschrieben.

Zweifel an meinen Fähigkeiten stellten sich ein und Gedanken daran, wie die Familie sich verhalten würde.

Ich suchte mir Fächer aus, die für niemanden von ›Nutzen‹ waren, außer für mich, mit denen man nicht an das große Geld herankam und die vom volkswirtschaftlichen Standpunkt aus gesehen überflüssig sind: Philosophie und Germanistik. Das lag auch daran, daß ich von frühester Kindheit an dazu erzogen worden bin, daß sich jede Arbeit monetär auswirken sollte und das Geld nicht etwa für den Genuß ausgegeben werden darf, sondern immer als Rücklage für schlechte Zeiten, wenn etwas übrig geblieben war. Aber gerade diese angebliche Nutzlosigkeit meines Studiums war eine große Antriebskraft für mich, durchzuhalten, denn ich hatte das Gefühl, endlich einmal nur etwas für mich zu tun. Zu Anfang studierte ich auch noch Soziologie, und eine junge Mitstudentin aus diesem Fach trug wesentlich dazu bei, mir die Schwellenangst vor dieser riesigen Universität und der Anonymität zu nehmen. Mit den Soziologiestudenten habe ich eine schöne Abschlußfeier des zweiten Semesters in unserem Keller gehabt, da die geplante Feier am Rhein wegen Regen ausfallen mußte. Mein Mann hat eifrig geholfen, das Fest über die Bühne zu bringen. »Nein es macht mir nichts aus, wenn andere trinken, ich komme im Büro auch mit Alkohol in Berührung, ohne trinken zu müssen.« Diese Aussage habe ich akzeptiert. Daß ein trockener Alkoholiker, der andere zum Trinken animiert, selbst in Gedanken mittrinken kann, wußte ich noch nicht und hätte auch keinen Einfluß darauf gehabt.

Zu Weihnachten, während des dritten Semesters, kam meine Mutter zum letzten Mal zu Besuch. Am Morgen des zweiten Weihnachtstages fand ich sie durch einen Hirnschlag getroffen vor dem Bett. Notarzt, Krankenwagen, Krankenhaus, Intensivstation und ein elendes Würgen in meinem Hals füllten den Rest des Tages.

Drei Tage und Nächte wachten mein Bruder, seine Frau, mein Mann und ich abwechselnd an ihrem Bett, bis sie in der dritten Nacht starb. Mein Bruder war gerade bei ihr. Er hat ihren Tod und den Verlust noch schlechter verkraftet als ich, es fiel ihm alles ein, was er versäumt zu haben glaubte. Seine Ruhelosigkeit betäubte er mit Alkohol, und im Zusammenhang mit anderen Schwierigkeiten hatte er drei Jahre später die physische Abhängigkeit vom Alkohol erreicht. Auch für mich war das ein großer Schock, konnte ich mir doch bis dahin einbilden, daß ›so etwas‹ in meiner Familie nicht vorkommt. Etwa zur gleichen Zeit stellte ich bei mir eine unheimliche Sehnsucht nach meiner Mutter fest. Bis dahin hatte ich noch nicht über ihren Tod weinen können, viel zu tief saß der Schock. Ich ertappte mich bei dem Gedanken, ihr übelzunehmen, einfach gestorben zu sein. In der Familie war für mich kein Raum zu trauern, Tränen wollte niemand sehen. Es wurde alles relativiert und rationalisiert: jeder muß mal sterben, man muß sich ablenken, das Leben geht weiter.

Meine Tochter bestand darauf, zwei Tage nach der Beerdigung ihre geplante Silvesterfeier in unserem Keller zu veranstalten. Ich selbst war zu erstarrt, um mich dagegen wehren zu können, und habe meine Gefühle verdrängt.

Verhaltensweisen, die ich bei meiner Mutter immer abgelehnt hatte, machten sich bei mir bemerkbar. Das begann mit Angstzuständen bis hin zu starker depressiver Verstimmung. Die Sehnsucht nach der Mutter, die mich drei Jahre nach ihrem Tod völlig überflutete, versuchte ich durch Nähen zu betäuben.

Ich ließ mir ihren alten Pelzmantel von meinem Bruder schicken und habe dann, während mein Mann auf Geschäftsreise war, zwei Tage und Nächte wahrhafte Trauerarbeit geleistet, indem ich das gute Stück vollkommen auseinandertrennte und in einen Mantel von mir einnähte. Zum Zeitpunkt der Arbeit selbst wußte ich nicht, daß ich einem Akt symbolischer Verschmelzungssehnsucht nachgab, das habe ich erst später in einer Therapie erfahren. Immerhin hat die Arbeit mir geholfen, den Verlust zu akzeptieren. Während dieses Arbeitsprozesses ist mir auch zu Bewußtsein gekommen, wie schwierig der Umgang mit Tod und Trauer in unseren beiden Familien immer gewesen ist. Es fiel mir ein, daß ich immer nur Ablenkungsmanöver nach einem Trauerfall erlebt hatte. Bedürfnisse nach Trost wurden als Schwäche ausgelegt. Ich fing an zu begreifen, daß gerade in angeblich schwachen Gefühlen die Stärke liegen kann, Verluste zu verarbeiten und nicht nur zu verdrängen. Meine Wahrnehmung der Umwelt wurde zunehmend kritischer. Durch die Aktivierung der nachgeholten Trauer spürte ich meine Gefühle intensiver und entwickelte Mißtrauen gegenüber den ständigen Rationalisierungen. Irgendwie empfand ich Entsetzen und Enttäuschung über meine Familie, die den Tod der Großmutter scheinbar weniger zur Kenntnis genommen hatte als jedes andere Alltagsgeschehen. Außerdem stellten sich noch Schuldgefühle ein weil, »sie doch so viel für uns getan hatte«. In dieser verspäteten Trauerphase entwikkelten sich zunehmend Spannungen zwischen mir und dem Partner.

Seine Geschäftsreisen wurden immer häufiger und meine Klagen darüber immer heftiger. Außerdem ging das Studium dem Ende entgegen, und die Phase des selbständigen, isolierten Arbeitens begann, was bei mir große Unsicherheitsgefühle hervorrief. Der Ablösungsprozeß unserer beiden Kinder, 17 und 20 Jahre alt, war ebenfalls in vollem Gange und verursachte mir viel Streß. Die Tochter war zunehmend von Neidgefühlen und Aggressionen mir gegenüber geplagt, die mich ziemlich ratlos machten. Die bis dahin enge Beziehung zwischen Vater und Sohn begann sich zu lockern. Inzwischen im Besitz eines eigenen Führerscheins, brauchte er keinen Chauffeur mehr. Bisher hatte der musikbegeisterte Vater den schlagzeugspielenden Sohn und dessen Mitmusiker liebend gerne zu diversen Aufführungen gefahren. Da die Jungs fast gleichaltrig waren und auf einmal alle selbst Auto fahren konnten, waren nur noch die Autos erwünscht – aber bitte ohne Väter. Litt auch mein Partner am »Leere-Nest-Syndrom«? Und konnte er sich das als Mann nicht eingestehen?

In den ersten Jahren der Trockenheit, als die Kinder von ihrem Alter her noch »richtige« Kinder waren, war er ein guter Familienvater gewesen, soweit ihm der Beruf dazu Zeit ließ. Er hatte über ein Jahr die Kindergartenzeitung gestaltet und später über drei Jahre die kleinen Hockeyknaben betreut, als der Sohn mit der Mannschaft spielte. Aufgefallen ist mir dann, als die Tochter in die Pubertät kam, der spürbare Rückzug und die Hilflosigkeit des Vaters im Umgang mit ihr.

Ich bin überzeugt, daß ähnliches auch in anderen Familien abläuft, dieser Aspekt aber viel zu wenig beachtet wird und spätere Schwierigkeiten der Töchter ausschließlich den Müttern angelastet werden. Dabei ist es auch Sache der Väter – natürlich nur in ihrer Rolle als Vater, dem die Tochter vertrauen kann –, ihre Töchter als werdende Frauen zu sehen, ihr Selbstwertgefühl als Frau zu stärken, ihre Selbständigkeit zu fördern und nicht alles der Mutter zu überlassen.

Mit zunehmendem Alter der Kinder fühlte ich

mich von der emotionalen Familienarbeit überfordert. Daß die notwendige Emanzipation und soziale Emigration der Kinder Spannungen in der Familie erzeugen, ist ein normal zu nennender Prozeß. Er war nur für mich schwieriger, weil vom Partner nicht ausreichend mitgetragen. Alles, was an Problemen von den Jugendlichen tagsüber in den Haushalt getragen wurde, sollte ich »bis 18 Uhr verbalisiert haben«, sagte der Vater. Mutterdominanz nur bei Problemen; ansonsten Vaterdominanz in der oberen Schicht, hervorgerufen durch den Rang des Vaters in der Gesellschaft und die damit zusammenhängenden materiellen und immateriellen Vorteile? Meine Wut und mein Frust über dieses Verhalten steigerten sich, aber im Mobilitätskanal der Universität fand ich noch einen für mich stabilisierenden Ausgleich und eine außerhäusliche Funktion, die die Strukturkrise in der Familie für mich nicht zum sozialen Ungleichgewicht werden ließ.

Emotional war die Ablösung der Jugendlichen trotzdem schwer auszuhalten. Beim Durchblättern der Fotoalben aus der Kinderzeit bekam ich ein flaues Gefühl im Magen. Einige Jahre hatte ich nicht fotografiert. Die Veränderungen um mich herum wollte ich einfach nicht zur Kenntnis nehmen, sie verursachten mir zu schmerzliche Gefühle. Tochter und Sohn waren mittlerweile fast einen Kopf größer als ich, und wenn ich mich unbeobachtet fühlte, betrachtete ich sie und konnte nicht fassen, wie ich zu diesen erwachsenen Kindern gekommen war. Dieses Staunen machte mir bewußt, wie sehr ich sie liebte, wie sehr ich an ihnen hing. Als junge Ehefrau hätte ich mir Gefühle von solcher Intensität, wie ich sie einmal zu meinen Kindern entwickeln sollte, nie vorstellen können. Dieses Wissen um meine Gefühle half mir einige Jahre später, auch die Krise mit der Tochter ohne Bruch zu überstehen.

Im Frühjahr 1984 wollte ich nach langen Jahren Familienurlaub in Ferienwohnungen einmal nur mit meinem Mann verreisen. Die Kinder, zu diesem Zeitpunkt schon 16 und 19 Jahre alt, fuhren in den Osterferien mit einer Gruppe in Skiurlaub und wir Eltern nach Gran Canaria. Ich glaube, es tat dem Vater leid, so ohne Familienanhang Urlaub machen zu müssen. Mein Bedürfnis, zu einer neuen Partnerschaft zu finden und die Elternrolle allmählich abzubauen, war gewaltig, ich hatte Nachholbedarf, zu sehr hatten wir uns in meinen Augen auf Kinder, Beruf und Ausbildung konzentriert. Aber ich vermißte auch die Kinder nach den langen Jahren der Familienphase und spürte, daß nun ein neuer Abschnitt in unserer Partnerschaft begann, der bestimmt nicht leicht sein würde.

Meine vorletzte Arbeit vor der Magisterprüfung war eine Arbeit für das Fach Philosophie. Fast die ganzen Wintermonate hatte ich daran gearbeitet. Nachdem er zehn Seiten durchlesen hatte, sagte mein Mann: »Das mußt du alles ändern, ich verstehe überhaupt nichts.« Ich habe mich geweigert und die Arbeit so abgegeben, wie sie war. Es war die beste aus dem Seminar, und der Leiter riet mir im Herbst eindringlich, nur ja die Abschlußprüfung zu machen.

Rückfall und neue Perspektiven

Einige Wochen später fuhr ich mit auf Geschäftsreise nach Lissabon. An einem Abend, als wir ohne Geschäftsfreunde im Restaurant aßen, bestellte sich mein Mann einen flambierten Nachtisch. Dagegen ist normalerweise nichts einzuwenden, aber unter dem Aspekt der Abhängigkeit bekam die Bestellung einen ganz anderen Stellenwert. Ich war sprachlos, fassungslos und klebte wie ein hypnotisiertes Kaninchen auf meinem Stuhl. Grinsen des Obers, der meine Überreaktion wohl bemerkt haben mußte, und Beschwichtigung von seiten meines Mannes: »Der Alkohol ist doch verbrannt, wenn das Feuer aus ist, und nicht mehr schädlich.« Ich blieb mißtrauisch, und mein Gefühl ahnte kommendes Unheil, das die Ratio noch gar nicht erfassen wollte oder konnte. Mein Partner hatte die charakteristischen Anzeichen eines Trockenrausches, aber selbst das Wissen um dieses Phänomen half mir nicht, die Situation unter diesem Symptom einzuordnen. Er reagierte ungewöhnlich heftig auf meine besorgte Haltung. Als wir zwei Tage später abflogen, hatte ich mit akuten Angstzuständen zu kämpfen, und im Flugzeug rumorte es mir ganz furchtbar im Magen. Es ist äußerst schwierig, im vollbesetzten Flugzeug, wenn gerade die Mahlzeit ausgeteilt wird, die Toilette zu erreichen. Aggressives Gezischel an meiner Seite, aber deshalb kam ich auch nicht schneller von meinem Platz hoch ...

Die geplante Landung am Zielort konnte wegen Nebels nicht eingehalten werden, die Maschine wurde umgeleitet; Weiterflug erst am nächsten Tag. So hatten wir noch eine Nacht im Hotel auf Kosten der Lufthansa. Nur langsam erholte ich mich von meinem Schock über den Vorfall im Restaurant, aber eine diffuse Angst blieb meine Begleiterin, und ich brachte sie fälschlicherweise in erster Linie mit der bevorstehenden Prüfung in Zusammenhang. Ich spürte wohl die innerliche Entfernung des Partners, die Geschäftsreisen wurden noch häufiger, und auch die fast erwachsenen Kinder merkten eine Veränderung des Vaters. Wir sprachen von Überlastung und Hektik im Beruf, von Midlife-Crisis und anderen Dingen – nur die Möglichkeit eines Rückfalls hatte ich nach so langer Zeit nicht im Traum in Erwägung gezogen: Nicht sein kann, was nicht sein darf!

In den Sommermonaten nach dieser Reise bekam ich plötzlich feuchte Hände beim Autofahren, es passierte mir, daß ich häufig mit fest zusammengebissenen Zähnen aufwachte und Mühe hatte, die Kiefer wieder auseinanderzubringen. Eine mir unerklärliche Panik hatte mich erfaßt, die mich bei allen möglichen Gelegenheiten plötzlich und unvorhergesehen überfallen konnte. Meine Unsicherheit steigerte sich und leider auch das Unverständnis der Familie. Gegen die verschiedentlich auftretenden depressiven Zustände »schenkte« mir mein Partner das Buch »Anleitung zum Unglücklichsein«. Ich war zutiefst verletzt; in den Arm genommen und getröstet zu werden hätte mir bestimmt mehr geholfen. Ablenkung von meinen Ängsten verschafften mir in dieser Zeit am meisten meine Bücher, und da ich ohnehin in der Prüfungsphase steckte, vergrub ich mich regelrecht in der Lektüre. Diese Verhalten brachte mir an der Uni Anerkennung, denn ich hatte ja immer alles gelesen, was vorgegeben worden war.

In unserem Sportclub wurde mein Partner bedauert: »Der arme Mann, bei der Frau, die nur an ihre Selbstverwirklichung denkt.« An meinen Mann gerichtete Bemerkungen wie: »Na, wie ist das denn mit einer Studentin im Bett?« haben mich häufig gekränkt. Durch dieses Gerede wurde mir klar, wie nur nach allgemeingültigen Normen geurteilt wird. Und die sind zum größten Teil noch so, daß frau keine eigenen Interessen haben darf. Besonders dann, wenn der Mann einen anstrengenden, ihn ausfüllenden Beruf hat, kann frau nicht auch noch verlangen, daß er sich an der Hausarbeit oder sonstigen häuslichen Pflichten beteiligt. Diese Meinung, die sehr stark in unserem sozialen Umfeld vertreten war (und immer noch ist), färbte auch auf die Kinder ab und verstärkte die Abwehr gegen eine studierende Mutter, zumal eine solche »Beschäftigung« nicht monetär gemessen werden konnte.

Wie sollte ich mich unter solchen Umständen von einem schlechten Gewissen freimachen können? Es wurde mir ja förmlich von außen eingeimpft. Gleichzeitig hatte ich immer irgendwo die Programmierung von Al-Anon im Hinterkopf: »Du mußt etwas für dich tun«. In meinem alten Beruf als Verkäuferin arbeiten, ohne jede Chance einer Entwicklung, die durch den einfachen Volksschulabschluß ziemlich verbaut war, das wollte ich unter gar keinen Umständen. Zu oft hatte ich in meiner Umgebung beobachtet, daß die Frauen sich in einem untergeordneten Beruf abrackerten, während ihre Ehemänner Karriere machten. Sie verdienten sich ihr Taschengeld und waren auch noch allein für Haushalt und Kinder zuständig, weil ihr Job ja »nicht so verantwortungsvoll« war.

Eine Weihnachtsfeier mit der Familie meines Mannes rückte näher. Schon Tage vorher kämpfte ich mit einem heftigen Unbehagen, überhaupt daran teilzunehmen. Das Spiel des Leugnens, das in dieser Familie betrieben wurde, reichte bis ins Groteske. Die Mutter meines Partners animierte den Bruder sogar noch eifrig zum Trinken. Ein Jahr später ging er in eine Langzeitbehandlung.

Das Thema Alkoholismus hatte ich dieser Familie

nie näherbringen können, sie hat sofort blockiert und mich als inkompetent abgekanzelt.

Die gesellschaftlichen und familialen Gepflogenheiten haben meiner Meinung nach dazu beigetragen, meinem Mann den Rückfall unbewußt zu erleichtern. Im Büro wurde er ausgiebig von den Sekretärinnen bedauert: »Ja, ja, Sie haben so eine rigorose Frau!« Im Sportclub: »Kein Wunder bei der Frau, daß der Mann säuft!« Der eigene Bruder: »Man meint, du wärst so eine Emanze!«

»Ein entscheidendes Merkmal der gängigen Darstellungen von Suchtproblematik in den Medien ist der jeweils ganz persönliche, schicksalshafte Charakter, der in der Regel die Frage nach Zusammenhängen zwischen Sucht und gesellschaftlichen Strukturen ausspart.« (Raimund Strathmann, Zeitschrift des Deutschen Guttempler-Ordens [I.O.G.T.] e.V., Nr. 2). In der gängigen Fachliteratur über Suchterkrankung wird vielfach die These vertreten, daß der Abhängige in der Familie zum Sündenbock wird; ich behaupte, daß die Partnerin dazu gemacht wird. Denn wie sich die Frau auch verhält, ihr Verhalten kann immer als Begründung herangezogen werden, daß der Partner trinkt. Hält sie die Familie zusammen und sorgt dafür, daß alles funktioniert, wird sie als zu dominant charakterisiert und als eine Person, die »alles im Griff haben« will. Verhält sie sich passiv abwartend, kommt sie in die Schublade der Dulderinnen. Grenzt sie sich vom trinkenden Partner ab, gilt sie als verständnislos gegenüber seinen Problemen und als zu egoistisch. Trinkt sie mit, hat sie sich zu sehr angepaßt. Ist sie trotz allem noch halbwegs guter Laune und zu einem Minimum an Lebensgenuß fähig, wird ihr Leichtlebigkeit und Naivität unterstellt. Wehrt sich die Partnerin durch Schimpfen, wird ihr nachgesagt, sie habe sich die Rolle der Nörglerin ausgesucht. Noch diffamierender finde ich folgende Theorie, die Frauen von Alkoholikern übergestülpt wird: »Sie suchen sich einen abhängigen Partner, um ihre ›heimliche Sucht, gebraucht zu werden‹ ausleben zu können.« Ich habe meinen späteren Mann mit siebzehn Jahren im Urlaub kennengelernt und damals wohl alles andere im Kopf gehabt, als mir einen abhängigen Partner zu suchen.

Der Rückfall meines Mannes nach zwölfjähriger Abstinenz, der für mich offenbar wurde, als er es nicht mehr rechtzeitig schaffte, von einer Geschäftsreise clean zurückzukommen, hat mich regelrecht gefällt. Vierzehn Tage konnte ich kaum laufen, so hatte mich die ohnmächtige Wut darüber innerlich erschüttert. Als er torkelnd das Zimmer betrat, war unser Sohn anwesend und schaute nur auf mich, wie ich reagieren würde. Da wurde mir blitzartig bewußt, daß er keine Ahnung hatte, was Betrunkensein bei einer bestehenden Alkoholabhängigkeit bedeutet.

Ich sagte zunächst gar nichts, denn ich war wie

gelähmt. Eine halbe Stunde später verkrümelte sich mein Mann ins Bett, und da drückte ich meinem Sohn alle Unterlagen, die ich über Alkoholismus gesammelt hatte, in die Hand. »Was sollen wir nun tun?« war seine erste Frage. So recht wußte ich auch keine Antwort darauf und machte den Vorschlag: »Morgen früh beim Frühstück fragen wir den Vater, ob er Hilfe benötigt und in eine Klinik gehen will.« Damit war er zufrieden, zumindest ließ er sich seine Verwirrung nicht weiter anmerken; auch glaube ich, daß die meinige weitaus größer war.

Am nächsten Morgen, als der Vater wieder ernüchtert schien, sprachen wir ihn auf den Rückfall an, immer noch im Glauben, daß es sich um einen Ausrutscher handelt, der schnell vorüber ist.

Vierzehn Tage später schüttelte mich ein dreistündiger Heulkrampf. Die Erinnerungen an die überwundengeglaubte Trinkerkarriere ließen mich zusammenbrechen. Der »Ausrutscher« dauerte drei Jahre.

Es war die Hölle für mich. Nun stellten sich bei jeder Geschäftsreise Angst und Ungewißheit darüber ein, in welcher Verfassung der Partner zurückkommen würde.

Dann dieses Mir-aus-dem-Weg-Gehen, die versteckten Anfeindungen und Anklagen, ich sei schuld, daß er nicht mehr normal trinken könne, alleine würde er das schaffen. Und im übrigen sei er gar kein Alkoholiker, der Arzt in der Klinik damals habe schon gesagt, wer zehn Jahre ohne Stoff auskomme, der sei nicht abhängig.

Nun wissen alle, die mit Alkoholismus beruflich und ehrenamtlich sowie durch Selbsthilfegruppen in Berührung gekommen sind, daß dies die üblichen Verleugnungsspielchen eines Abhängigen sind. Doch die Öffentlichkeit bleibt weitestgehend unaufgeklärt und trägt auch noch durch unsachliche Informationen selbst zur Perpetuierung dieses Unwissens bei.

Erst kürzlich stand in der Bild am Sonntag in einem Bericht über zwei Abhängige, die sich in einer Klinik kennengelernt hatten und drei Jahre später heirateten, der Begriff »Ex-Alkoholiker«. Solche falschen Begriffe, die dann auch noch in großer Auflage verbreitet werden, können fatale Folgen haben; assoziiert wird doch mit obengenanntem Beispiel die Vorstellung, daß Abhängigkeit heilbar sei und der Betroffene nach einer Behandlung wieder »normal trinken« kann. Eine Vorstellung, die dazu führt, daß schon viele aus einer Klinik Entlassene zu hören bekamen: »Ein Gläschen Sekt kannst du doch jetzt sicherlich wieder trinken!« Für viele, die den Mut nicht hatten, zu sagen, daß sie nie wieder Alkohol trinken können, war schon der nächste Rückfall programmiert, erleichtert durch das Verhalten der Gesellschaft. So schreibt zum Beispiel Herbert Ziegler in seinem Artikel »Sucht als Sinnverlust« (4/91, Nr. 2 der Zeitschrift des I.O.G.T.): »Sucht ist Abwehr schlimmerer Krankheiten, z.B. Depressionen, Suizidgefährdung.« Solch eine Meinung zu vertreten, ist geradezu skandalös, da der Süchtige selten allein lebt und daher in den meisten Fällen, bis er zur Einsicht gelangt, erst einmal sein gesamtes soziales Umfeld in Mitleidenschaft zieht und schädigt. Zurück bleibt häufig ein Schlachtfeld: zerrüttete Ehen, Scheidungswaisen, Ausfälle am Arbeitsplatz, die die Firmen finanziell tragen müssen, Verkehrstote und die Kosten der Krankenkasse, die auch nach mehrfachem Rückfälligwerden zahlt, obwohl der Abhängige de facto über seine Krankheit informiert ist. Dies alles geht zu Lasten der Allgemeinheit. Keine pathologische Verhaltensweise zieht derartig weite Kreise, wenn der Kiesel erst einmal ins Wasser geworfen bzw. das Kind in den Brunnen gefallen ist: wenn sich aus der seelischen Abhängigkeit eine körperliche entwickelt hat. Welche Krankheit wäre da schlimmer?

Nach zwei Jahren Hickhack trennten wir uns räumlich. Mein Mann konnte nun ›in Ruhe‹ ausprobieren, ob er abhängig war oder nicht. Die Trennung bedeutete für mich Verlust, aber auch das befreiende Gefühl, frei von Verantwortung für das Trinkverhalten des Ehemannes zu sein. Nach dem Rückfall ruhig zusehen zu müssen, wie der Partner trinkt, das war zuviel für mich, für mein Nervenkostüm ebenso wie für mein Selbstverständnis, mich nicht zur Komplizin machen zu lassen. Zu bleiben oder zu gehen, ist eine äußerst schwierige und heikle Angelegenheit, die man letztendlich alleine entscheiden muß. Alle »guten Ratschläge«, die es für Mitbetroffene gibt, müssen individuell umgesetzt werden können, und Mitbetroffene müssen erst bis zur Entschlußfähigkeit gereift sein, da Handeln »gegen« den Alkoholismus im Widerspruch zu unseren gesellschaftlichen Normen steht. Wie sehr die persönliche Situation ausschlaggebend ist, machte mir folgende Episode klar: In einer Therapiegruppe sprach eine Frau davon, daß sie acht Jahre in ihrer Freizeit im Telefonnotruf für Suchtgefährdete gearbeitet hat. Nun besuche sie die Gruppe, da sie den Eindruck habe, ihr Freund sei alkoholabhängig. Ihre Schilderungen ließen daran auch keinen Zweifel. Nur war sie völlig irritiert über sich selbst, da sie an sich alle ›klassischen Fehler‹ wie Ignorieren, Runterspielen der Problematik, Selbstzweifel, Versprechungen Glauben schenken usw. entdeckte, obwohl sie doch alles über Alkoholismus wußte und früher selbst am Telefon verzweifelte Angehörige mit guten Ratschlägen über richtiges Verhalten beraten hatte. Sie mußte nun erkennen, daß bei einer gefühlsmäßigen Verstrickung alles anders aussieht und sie ihre eigene Lösung des Problems zu finden hatte.

Mit ihrer bisher praktizierten Rolle der hilfsbereiten Frau war sie in eine Sackgasse geraten.

Nachdem er drei Monate allein gewohnt und nach Herzenslust getrunken hatte, ging mein Mann in die Entgiftung – nicht aus Einsicht in seine Abhängigkeit, sondern als ein mehr oder weniger notwendiges Übel, da er bestimmt »etwas falsch gemacht« habe, wie er meinte. In der Klinik wurde ihm für die Zeit nach der Entlassung eine Paartherapie angeboten, er brauchte nur meine Zustimmung; ich erklärte mich einverstanden, denn ich war auch neugierig auf heutige Methoden der Beratung. Ich wurde zu einem Vorgespräch bestellt.

Heute weiß ich, daß ich direkt danach schon hätte abbrechen müssen. Während des Gesprächs, in dem ich voller Vertrauen meinen bisherigen Lebensweg schilderte und das protokolliert wurde, interpretierte die Therapeutin die Tatsache, daß ich geplant hatte, wann ich Kinder wollte, als »Alles-im-Griff-haben-wollen«. Ich schluckte die Empörung, die in mir aufstieg und verdaute sie schlecht. Wieso sollte ich kein Recht auf Zukunftsplanung haben, wie sie Tausende anderer Ehepaare ebenfalls praktizierten und immer noch praktizieren? Für mich war und ist es immer noch verantwortungsvolles Verhalten, nicht wie Karnickel Kinder in die Welt zu werfen und hinterher die Allgemeinheit dafür sorgen zu lassen. Warum wurde mir sofort eine psychologische Interpretation übergestülpt?

»In der Psychiatrie und Psychologie werden die meisten Konzepte von Leuten aufgestellt, die sich selbst für vollkommen gesund halten.« (Anne Wilson Schaef: Co-Abhängigkeit. Nicht erkannt und falsch behandelt, Verlag Mona Bögner-Kaufmann, Wildberg 1986). Ich spürte zum erstenmal ganz intensiv, wie stark Angehörige neuerdings in die Verantwortung genommen und als Sündenböcke hingestellt werden, wenn es um Süchte geht. Das Klima hatte sich deutlich zuungunsten der Angehörigen verändert. Sie sind eben »co-abhängig«, dieses Erklärungsmuster scheint in den Köpfen fast aller Therapeuten und Suchthelfer herumzuspuken, ohne daß ihnen bewußt ist, daß sie selbst die Symptome der sogenannten Co-Abhängigkeit aufweisen. »Ich bin sogar der festen Überzeugung, daß die Mehrzahl der Therapeuten unbehandelte Co-Abhängige sind und daß sie aufgrund dieser Abhängigkeit weder sich noch ihren Patienten helfen können.« (Ebd.)

In den folgenden vier Monaten traf ich meinen Mann meist zum Wochenende und montags abends zur Paartherapie. Diese hat uns eigentlich nicht viel weitergebracht, sondern nur die Abwehr der beiden anderen Paare, die schon vor uns längere Zeit zusammen in der Therapiestunde waren, mobilisiert.

Bedingung der Teilnahme war absolute Abstinenz, aber es gelang meinem Mann, mindestens fünf Montagsstunden lang zu verbergen, daß er wieder trank. Wie er mir später erzählte, fing er immer dienstags an und hörte irgendwann am Wochenende wieder auf zu trinken, um montags clean zu sein. Ich achtete nicht darauf, wir sahen uns nicht täglich, ich war nicht verantwortlich, ich kontrollierte nicht. Ich gestattete mir, mehr an mich selbst zu denken. Freilich entging mir nicht, daß er an einem Samstag, als wir zusammen eingeladen waren, extrem schlechte Laune hatte.

»Warum haben Sie nicht geäußert, daß Ihr Mann Trinkwünsche hatte?« wurde ich vierzehn Tage später in der Stunde gefragt, als er nicht mehr leugnen konnte, daß er wieder trank. Weil jeder Abhängige in einer ähnlichen Situation seine Trinkwünsche abstreiten würde, das wußte ich und wollte mich nicht irgendwelchen Aggressionen aussetzen. Außerdem hätte er mir Mangel an Vertrauen vorgeworfen. Daher war ich überrascht, daß nun dieser Vorwurf von seiten der Therapeuten kam. Ich faßte es als Schuldzuweisung auf und fühlte mich wieder in die Rolle der Aufpasserin gedrängt.

Wenige Wochen zuvor hatte mein Mann eine Flugreise für sich und mich gebucht. Die fiel nun buchstäblich in den Schnaps, weil ich für mich keine Erholung darin sah, mit einem gerade Rückfälligen Urlaub zu machen, für den die Sucht im Vordergrund steht. Er verzichtete darauf, alleine zu fliegen, und verbrachte seine vierzehn Urlaubstage in unserem Haus mit dem Bemühen, clean zu bleiben. Es gelang ihm, und so verliefen die Tage relativ ruhig und harmonisch.

Direkt im Anschluß an die Urlaubstage war eine Geschäftsreise nach England geplant, die zu einem einzigen Besäufnis wurde. Woraufhin er früher in seine Wohnung zurückkehrte und einige Tage verdämmerte, bis er sich entschloß, diesmal in die endgültig letzte Entgiftung (so seine Aussage) zu gehen. Unser Sohn hat ihn gefahren, und wir haben alle gespürt, daß es diesmal anders war, das seelische Tief war stärker und der Wunsch, es zu schaffen ehrlicher. Nach dieser Entgiftung zog mein Mann wieder zu uns, behielt aber seine Wohnung noch ein halbes Jahr, was mir recht war, denn eine Stabilisierung der Trockenheit mußte sich ja erst noch entwickeln.

Mittlerweile sind drei Jahre vergangen, und eine zufriedene Nüchternheit hat den angespannten Zustand abgelöst. Regelmäßige Gruppenbesuche unterstützen diese Bemühungen, und auch bei mir macht sich mehr Ruhe und Entspannung bemerkbar. Mein Mann hat sich einer Gruppe angeschlossen, an der Betroffene und Mitbetroffene gemeinsam teilnehmen können. Dort habe ich einige grundlegende Beobachtungen gemacht über den schwierigen Stand, den Angehörige in einer solchen Gemeinschaft haben. Zuerst einmal fühlte ich mich ausgeschlossen, denn die Erfahrungen des Trinkens kann ich nicht teilen, vor allem kenne ich auch nicht die angenehmen Seiten der Sucht, mit denen viele Teilnehmer noch häufig kokettieren. Außerdem fühlte ich mich taxiert nach dem Motto: Na, wie hat die sich denn in der nassen Phase verhalten? Es war ein schwieriger Prozeß, bis ich mich gegen die Betroffenen, die in dieser Gruppe in der Mehrzahl waren, durchzusetzen und meine eigene Meinung zu vertreten lernte. Denn der Alkoholiker steht immer im Vordergrund – in der Klinik und anschließend in den Gruppen. Mir ist aufgefallen, daß ein Großteil seines Fehlverhaltens mit der »Krankheit« entschuldigt wird.

Wo aber sollen Angehörige hin mit ihrer Wut, ihrer Enttäuschung, ihrem angeknacksten Selbstvertrauen? In der nassen Phase führen sie doch einen Kampf gegen ein Phantom. Nie ist eine Auseinandersetzung möglich, alles ist verzerrt. Gewiß, ich hätte mich endgültig trennen können, aber dadurch wäre das Trauma nicht beseitigt gewesen, das ich erlebt habe. Abhängige, deren Partner sich getrennt haben, werden getröstet: »Ach, die hat dich ja nur benutzt.« Diese Vermutung wird leider häufig geäußert; sie ist m.E. aber verkürzt und auch ungerecht.

Auch sind viele Abhängige selten bereit, über die Schwierigkeiten zu sprechen, in die sie ihre PartnerInnen, Kinder oder Eltern gebracht haben. Ich hatte und habe immer den Eindruck, daß z.B. die nasse Seite in der Persönlichkeit meines Mannes nicht zu seinem eigenen Selbstbild paßt, deshalb wird sie so wenig belichtet. Auch die Behauptung: »Wenn man eng zusammenlebt, merkt man die Veränderung des Partners, oder man lebt nur nebeneinander her«, ist im Zusammenhang mit Suchterkrankung sehr zwiespältig. Ein Rückfall fängt im Kopf an, er wird geplant und die psychische Veränderung, die dadurch entsteht, wird vom Betroffenen hartnäckig geleugnet. Ich habe das selbst bei meinem Partner erlebt. »Wann wir trinken wollen, bestimmen wir, das hat nichts mit dem Verhalten unserer Umwelt zu tun«, sagten mir viele Abhängige. Bekenntnis meines Partners: »Solange ich trinken wollte, suchte ich mir immer Situationen aus, durch die ich der Umwelt glaubhafte Gründe für mein Trinkverhalten liefern konnte.« Wie steht es dann wirklich mit der sogenannten Co-Abhängigkeit der Partnerinnen? Tatsache ist, daß jegliches Verhalten des Umfeldes wenn es einem nicht paßt, als Grund zum Trinken herhalten kann.

Nach gut zwei Jahren Gruppe gemeinsam mit meinem Mann hatte ich mich dazu aufgerafft, einen Vortrag aus der Sicht der Mitbetroffenen zu halten. Während der Ausarbeitung kam mir alles Erlebte noch einmal zu Bewußtsein. Es war aber nicht die Erinnerung an die exzessiven Trinkphasen, gegen die sich mein gesamtes Inneres aufbäumte, sondern die Diffamierung und das Unverständnis der näheren Umgebung während des Rückfalls. Leider ist es eine Tatsache, daß von Angehörigen zu viel erwartet wird, wenn es um die Trockenlegung eines Abhängigen geht.

Günter Engel schilderte auf dem Heidelberger Suchtkongreß im Mai 1991 den Dialog, der angeblich zwischen vielen Paaren abläuft wie eine kaputte Schallplatte: »Ich kontrolliere dich, weil du trinkst. – Ich trinke, weil du mich kontrollierst.«

Diese »Platte« ist aber auch in der Suchttherapie ein alter Hut, und ich meine, da könnte langsam auch einmal etwas Neues aufgelegt werden. Denn anscheinend haben viele noch nicht begriffen, daß auch ohne Kontrolle getrunken wird und die angeblichen Abhängigkeiten der anderen Familienmitglieder dem Alkoholiker nur Wasser auf die Mühle sind, seine Sucht auszuleben und zu entschuldigen. Ein Abhängiger muß grundsätzlich die Bereitschaft mitbringen, für sich selbst die Verantwortung zu übernehmen, damit eine Therapie überhaupt wirksam werden kann, gleichgültig, ob die Sucht genetische oder soziale Ursachen hat.

Ist die Familie in den letzten Jahren verstärkt in das Blickfeld gerückt, weil sie therapiefähiger ist als ein nasser Alkoholiker, und somit auch ein größeres Betätigungsfeld für Therapeuten darstellt? Als ich vor zwanzig Jahren zum ersten Mal außerhalb meines Verwandten- und Bekanntenkreises Hilfe suchte, war der Begriff Co-Abhängigkeit noch weitgehend unbekannt, wurde noch nicht in solcher Penetranz angewandt und war daher noch nicht so abgegriffen wie heute. Ich wehre mich gegen die Stigmatisierung durch diesen Begriff und bin der Überzeugung, daß dies für viele PartnerInnen von Abhängigen ein Grund ist, nicht rechtzeitig nach Hilfe bei ihrem Problem Alkoholismus in der Beziehung zu suchen. Jedem Mitglied einer Familie mit einem Alkoholproblem wird zur Zeit ein Muster seines Verhaltens übergestülpt. Das geht soweit, daß sogar jedes einzelne Kind einem Schema untergeordnet wird (Familienmobile), als gäbe es keine Erkenntnisse über Auswirkungen des Ranges innerhalb der Geschwisterreihe, der mit ausschlaggebend ist für die Entwicklung eines Kindes. Auch Familien, in denen kein Mitglied alkoholkrank ist, haben Probleme. Oder gibt es zu wenige Familien, in denen nichts getrunken wird? Insbesondere bei Familien, in denen der Vater abhängig ist, werden die Mitglieder gern zu Sündenböcken gemacht; vorrangig muß dann die Ehefrau herhalten. Sie wird zur Versagerin gestempelt, die durch zu »ausgeprägtes weibliches Rollenverhalten« den Mann in die Sucht getrieben habe. Das Buch »Wenn Frauen zu sehr lieben«, eine Studie der Amerikanerin Robin Norwood über Beziehungen mit stofflich Abhängigen, fand hierzulande ein breites Echo. Viele Frauen, die ich befragt habe, bestätigten mir, daß sie sich nach der Lektüre noch ein Stück kleiner gefühlt haben als vorher. Es wird an diesem Konzept gut verdient in Kursen und Seminaren, die Frauen von ihrer »heimlichen Sucht gebraucht, zu werden«, heilen sollen. Als ob Männer nicht ebensoviel Bestätigung nötig hätten, im Gegenteil, sie suchen beruflich und privat nach noch mehr Bestätigung.

Es wird Zeit, daß der Begriff Co-Abhängigkeit im Zusammenhang mit Suchterkrankung nicht mehr allen PartnerInnen kritiklos übergestülpt wird. Eine größere Differenzierung – vor allem auch hinsichtlich der verschiedenen Lebensrealitäten betroffener bzw. angehöriger Männer und Frauen – wäre dringend nötig; und ebenso eine größere Aufklärung darüber, was unter dem Begriff Co-Abhängigkeit wirklich zu verstehen ist. Anne Wilson-Schaef entwickelte folgende Definition: »Es ist mir wichtig, nochmals zu betonen, daß das, was wir Co-Abhängigkeit nennen, wirklich eine Krankheit ist, die in vielerlei Formen auftritt und die aus einem Krankheitsprozeß hervorgeht, der eng mit unserem Gesellschaftsprozeß verbunden ist. Ich nenne diese Krankheit den Suchtprozeß.« Unter Suchtprozeß versteht Schaef die Kräfte, die in Familie, Schule und Kirche auf das Individuum einwirken und es in erster Linie rational prägen, so daß uns der Zugang zu unseren Gefühlen systematisch abtrainiert wird. Dieser Auffassung schließe ich mich vorbehaltlos an.

Zehn Thesen und zehn Antworten

zur Kritik des Begriffes
Co-Abhängigkeit

Abhängig & Co.

Zehn Thesen für eine kritische Infragestellung des Begriffes Co-Abhängigkeit von Dr. Christa Appel

1. Noch immer sind viele Ehefrauen und Mütter von Kindern materiell abhängig vom Einkommen des Ehemannes und Vaters. – Auch eine Suchterkrankung ändert das zunächst nicht. Viele Frauen erreichen nicht die Einkommen, die Männer haben. Im Konzept »Co-Abhängigkeit« spielen diese wesentlichen Faktoren keine Rolle, aber in dem Entscheidungsspielraum und für die Handlungsfreiheit von Frauen sehr wohl.

2. Wenn Spitzenmanager gesucht werden, wird Wert darauf gelegt, daß sie verheiratet sind. Niemand bezeichnet das als die Co-Abhängigkeit des Spitzenmanagers, obwohl er ohne die häusliche Versorgung meistens nicht in der Lage wäre, seine Aufgaben so einfach wahrzunehmen.

3. In guten wie in schlechten Tagen füreinander einstehen zu wollen und jemanden zu haben, der auch bei Schwierigkeiten zu einem hält, das erhoffen sich

die meisten Menschen von einer Partnerschaft. Eine sich entwickelnde Abhängigkeit vom Alkohol ändert das nicht, belastet aber die Partnerschaft, ebenso, wie das auch sehr viele andere länger andauernde Erkrankungen tun.

4. Frauen sind aufgrund ihrer weiblichen Sozialisation sehr stark dadurch geprägt, für andere da zu sein, für sie zu sorgen und ihre eigenen Interessen auch für längere Zeit hintanzustellen. Hat jemand Krebs, pflegt sie ihre alten Eltern oder die des Partners, erhält sie für ihre Aufopferung Anerkennung und Lob. Sie tut, was man von ihr, weil sie eine Frau ist, erwartet. Die Ehefrau und Partnerin eines alkoholabhängigen Mannes tut das auch.

Oft führen diese Belastungen auch zu eigenen Erkrankungen der Frauen, die andere versorgen und pflegen.

5. Frauen geraten in eine »Verantwortlichkeitsfalle«, die sich aus den gesellschaftlichen Rollenerwartungen und dem eigenen Weiblichkeitsbild und der Arbeitsteilung zwischen den Geschlechtern ergibt. Sie ergibt sich m.E. nicht aus dem Alkoholismus, aber im Falle der Suchterkrankungen wird manches an Widersinn in der weiblichen Rolle noch deutlicher als im gewöhnlichen Alltagsleben.

6. Um ihr Verhalten zu ändern, müssen Frauen »aus der Rolle fallen«. Und sie brauchen Unterstützung durch Dritte, die sie dabei unterstützen. Suchtkrankenhilfe hingegen baut in der Regel auf »mithelfende« Familienangehörige, um den Therapieerfolg zu sichern.

7. Das Konzept »Co-Abhängigkeit« aber verschleiert diese Konflikte und lastet sie einseitig den Frauen an, als gehörte zur Frauenrolle nicht auch eine ebenso gesellschaftlich bedingte Männerrolle: daß Männer von Frauen erwarten, daß sie sie versorgen, umsorgen und sich um sie Sorgen machen. Und Frauen versuchen in der Regel, diese Erwartungen von sich selbst und ihren Männern (und dann auch noch in der Suchtkrankenhilfe) nicht zu enttäuschen. Wenn dann z.B. Alkoholismus ins Spiel kommt, hat das für sie tragische, ausweglos erscheinende Konfiktsituationen. Frauen entscheiden dann »nach bestem Wissen und Gewissen«.

8. Daß was faul ist an dem Konzept »Co-Abhängigkeit«, zeigt sich für mich auch darin, daß selten von der Gewalt, die vom Manne ausgeht, und den psychischen Verletzungen, die vom Mann ausgehen, gespochen wird: Viele der Verhaltensweisen von Männern unter Alkoholeinfluß, ihr Versagen in der Rolle als Mann und Partner bleibt so aus diesem Bild ausgeschlossen. Als wären diese Männer nicht extrem

abhängig auch von einer Frau, die trotz- und alledem für sie sorgt und sich um sie sorgt. Müßte man nicht sogar von der Doppelabhängigkeit des Mannes sprechen, wenn man das Bild zurechtrücken wollte?

9. Das Konzept »Co-Abhängigkeit« will das gar nicht tun, es spricht gar nicht von dieser Abhängigkeit des Mannes und daß, Alkoholismus ganz beiseite gelassen, die Rollenverteilung in der Partnerschaft zu Lasten der Frauen geht (Stichwort Doppelbelastung der Frau). Jede Belastung des Mannes packt mehr auf die Waagschale der Frau: Ist das Co-Abhängigkeit der Frau? Warum aber geschieht das selten in umgekehrter Richtung: Warum verlassen in der Regel Männer ihre trinkenden Partnerinnen so viel schneller und »leichter«?

10. Die Frauenrolle als Falle zu erkennen und darüber zu reden, das wäre für alle Beteiligten unbequemer. Und es würde ausreichen, die ganz normale, sich aus der Frauenrolle ergebende Abhängigkeit als Ausgangspunkt endlich anzuerkennen. Die Umschreibung der Frauenrolle mit dem neuen Begriff »Co-Abhängigkeit«: Das sind der »Kaiserin neue Kleider«.

Zehn Antworten

auf die Thesen von Dr. Christa Appel

1. Im Konzept »Co-Abhängigkeit« spielt der Faktor der materiellen Abhängigkeit während der Kinderaufzucht eine sehr wesentliche Rolle, da die Ehefrau, die sich weigert, das Trinkverhalten des Partners weiter mitzutragen, bei einer Trennung nicht mit Sicherheit damit rechnen kann, vom Vater Unterhalt für minderjährige Kinder zu erhalten, wie das in den meisten anderen Fällen von Scheidung oder Trennung der Fall ist. (Daher tritt die Weigerung erst verzögert ein; dann, wenn gar nichts mehr läuft.)

Trinkt die Mutter, wird die Situation für die Kinder noch brisanter. Ihnen bleibt dann in den meisten Fällen nur der Weg ins Heim, wenn der Vater sich trennt. Denn wo ist der Mann, der solange von Sozialhilfe lebt, um die Kinder zu versorgen, bis die Ehefrau wieder trocken ist, wie das so viele Frauen tun?

2. Dem kann ich nur beipflichten. »Wie denkt denn der Vorstand darüber, daß wir getrennt wohnen!« war eine Sorge meines Mannes während seines

Rückfalls. Welche Frau wagt es schon, sich gegen den »Vorstand« durchzusetzen?

3. Meistens neigt der/die Abhängige aber dazu, diese Ethik auszunutzen. Eine stoffliche Abhängigkeit kann man einstellen; ein Krebskranker kann aber seine Zellen nicht direkt beeinflussen. Außerdem ist bei einer ›normalen‹ Erkrankung des Partners das Verständnis der Umwelt größer. Man kann mit Mitgefühl rechnen, was bei dem Geständnis, daß der Partner alkoholkrank ist, nicht der Fall ist.

4. Es ist nicht nur die »weibliche« Sozialisation, die Frauen die Rolle der Pflegerin aufdrängt, sondern auch die Erwartung der Gesellschaft und die Bequemlichkeit und Möglichkeit der Männer, sich durch berufliches Engagement vor diesen Aufgaben zu drücken.

5. Alkoholismus verschärft die »Verantwortlichkeitsfalle« für Frauen, besonders wenn Kinder da sind. Ich habe es immer wieder erlebt, daß Mütter für jedes Fehlverhalten der Familienmitglieder verantwortlich gemacht werden.

6. Während der nassen Phase sollen Frauen »aus der Rolle fallen«, danach wieder tolerante Partnerinnen sein, die nicht mehr an der Vergangenheit kratzen oder in ihr rühren, um »mitzuhelfen«, den Thera-

pieerfolg zu sichern. Verspricht man sich davon wirklich den angestrebten Reifeprozeß des Abhängigen? »Da war ich ja ein anderer« ist die meistgebrauchte Entschuldigung für die nasse Phase.

7. In der Tat fühlte auch ich, daß alle Konflikte mir allein angelastet wurden. Ich behaupte, daß dies auch tatsächlich geschah und immer noch geschieht und mit angeblichen Minderwertigkeitskomplexen und Schuldgefühlen, die die Mitbetroffenen hätten, verschleiert wird. Über den Projektionsmechanismus, der da abläuft, wird geschwiegen, zumindest vor den Mitbetroffenen.

8. Während der nassen Phase meines Partners habe ich seine gegen sich selbst gerichtete Aggression, das Trinken, als körperliche Gewalt empfunden. Selbst wenn der Mann nicht schlägt, geht unter Alkoholeinfluß ein unheimlicher Druck vom Abhängigen aus. Was ja die meisten Therapeuten in dieser Form gar nicht miterleben.

9. Auch mir ist aufgefallen, daß die Angehörigen-Gruppen zum größten Teil aus Frauen bestehen. Ein trinkender Mann ist gesellschaftlich akzeptiert, eine trinkende Frau noch lange nicht; da wird wieder an ihre »Verantwortung« als Mutter appelliert. Außerdem ist der Mann nicht zum »Helfer« getrimmt.

10. Die Frauenrolle muß nicht zwangsläufig zur Falle werden, wenn die Polarisierungen stimmen. Mir ist aufgefallen, daß die meisten männlichen Abhängigen am liebsten eine Partnerin hätten, die sowohl die herkömmlichen »weiblichen Tugenden« als auch finanzielle Eigenständigkeit hat.

Nachbemerkung

Die kanadische Therapeutin Paula J. Caplan faßt den Umgang mit Ehefrauen von Alkoholikern in der gegenwärtigen Form der Psychotherapie mit folgenden Worten zusammen:

»Ironischerweise wird Frauen, die solche Männer verlassen, vorgeworfen, sie würden den Zusammenbruch der Familie in Kauf nehmen und ihren Kindern den Vater vorenthalten. Frauen, die bleiben, bekommen andererseits aber den entwürdigenden und pathologisierenden Stempel ›mit-abhängig‹ verpaßt und müssen sich gegen den Vorwurf verteidigen, ›zu sehr zu lieben‹ und nicht in der Lage zu sein, ihre Kinder vor dem suchthaften Verhalten des Vaters zu retten. Es ist nicht nötig, Expertin in Sachen psychische Gesundheit zu sein, um die Tendenz unserer Kultur zu erkennen, die Mutter für den Alkoholismus des Vaters verantwortlich zu machen.« (Paula J. Caplan: So viel Liebe, so viel Haß. Zur Verbesserung der Mutter-Tochter – Beziehung, Deutscher Taschenbuch Verlag, München 1993)

Ich zitiere Paula J. Caplan, weil ihre Analyse meine Erfahrung als betroffene Angehörige, die sich lange Jahre mit der Struktur von Alkoholismus befaßt hat, bestätigt. Ich kann sagen, daß in der allgemeinen Therapieszene, was die Frauen betrifft, einiges im argen liegt. Sie werden zu undifferenziert gesehen, schematisiert und bevormundet. Fast alle Frauen versuchen, die ihnen von der Gesellschaft zugeordnete weibliche Rolle auszuführen – ob berufstätig oder nicht –, und gerade dies wird seit einigen Jahren massiv bei der Therapie Alkoholkranker angeprangert nach dem Motto: »Sie hat dich ja gebraucht.«

Den Frauen wird eine »Verweigerungsrolle« in der nassen Phase empfohlen, um sie dann hinterher in der trockenen Phase mit einer »Helferinnenrolle« wieder in ihre Schranken zu verweisen. Diese Widersprüche müssen offener diskutiert werden, denn sie sind m.E. zum Teil wiederum Ursachen der Schwierigkeiten von Kindern, Jugendlichen und Erwachsenen aus Familien mit Alkoholproblemen.

Liebesgedicht

Wochen gibt's, in denen
möcht ich dich verhöhnen.

Tage auch, mit diesen
will ich's dir vermiesen.

Stunden dann, in solchen
will ich dich erdolchen.

Gäb's da nicht die Schübe,
in welchen ich dich liebe.

Klaus Stieglitz